変化球新時代

内田聖人

マイナビ

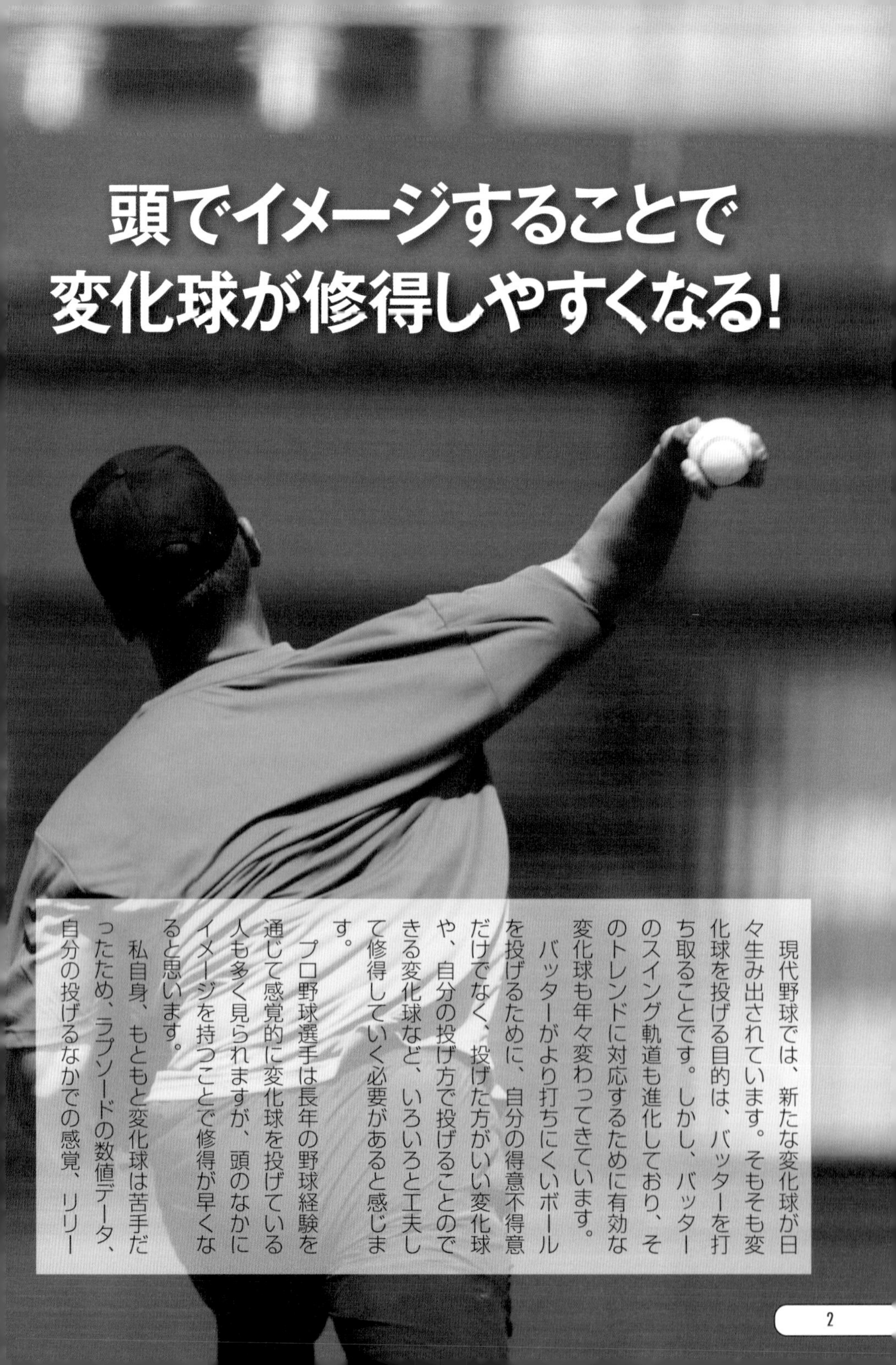

頭でイメージすることで変化球が修得しやすくなる!

現代野球では、新たな変化球が日々生み出されています。そもそも変化球を投げる目的は、バッターを打ち取ることです。しかし、バッターのスイング軌道も進化しており、そのトレンドに対応するために有効な変化球も年々変わってきています。

バッターがより打ちにくいボールを投げるために、自分の得意不得意だけでなく、投げた方がいい変化球や、自分の投げ方で投げることのできる変化球など、いろいろと工夫して修得していく必要があると感じます。

プロ野球選手は長年の野球経験を通じて感覚的に変化球を投げている人も多く見られますが、頭のなかにイメージを持つことで修得が早くなると思います。

私自身、もともと変化球は苦手だったため、ラプソードの数値データ、自分の投げるなかでの感覚、リリー

Introduction

変化を決定する4要素 +1

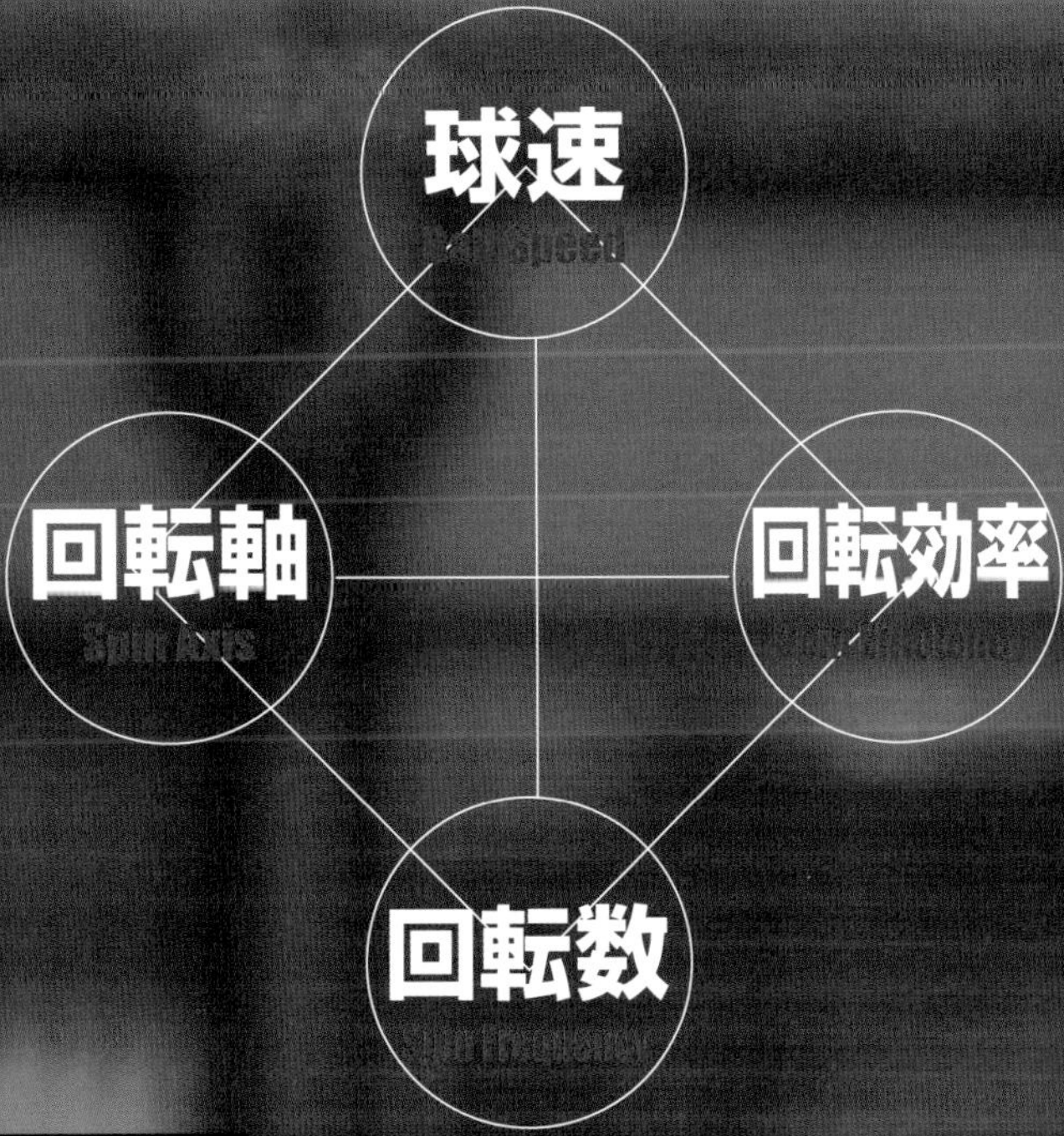

+1 技術的要素

スのスロー映像の録画などを通じて、「こういう投げ方をしたらこう回転してこう変化する」ということを、まず頭で理解して、それを練習のなかで体現していくことで身につけることができました。

　このような点で、本書で紹介するメソッドは、いろいろな人に当てはまる可能性が高いのではないかと思います。自分の投げ方に合った変化球、もしくは投げたい変化球に合わせた投げ方など、いろいろなアプローチを参考に変化球を修得していただければ光栄です。

CONTENTS

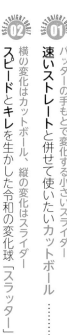

CONTENTS

Part 1

変化球の特性とを投げる意味を理解する!!

01

変化球の必要性を考える

なぜ変化球を投げるのか？

どれほど直球に威力のあるピッチャーでも、ピッチングを組み立てていくなかで、かならず数球は変化球を投げているはずです。そこで、変化球をマスターするに当たって、まず、なぜ変化球を投げるのかを考えていきましょう。

変化球は、「ボール自体の特殊性」や「コンビネーション的な観点」でバッターを打ちづらくするためのボールです。その基準となるのがストレートですが、実はストレート自体もまっすぐではなく特殊なボールです。

ボールの進行方向からホップするストレートに対して、別の特性を持つのが変化球です。そして、さまざまなボールを駆使することで、コンビネーションでバッターに的を絞らせないことを目的としています。

単純に、普段野球をやっていると、練習中のキャッチボールなども含めて、もっとも見る機会が多いのがストレートの軌道です。人によって投げ方が違うため、ボールの軌道に微妙に個人差はありますが、シュート回転のストレート軌道を見ることに目が慣れています。

それに対して、ストレートと異なる変化をするボールが来ることでバッターは捕えづらくなります。つまり、ボール自体の特性として、普段、見慣れていないぶんボールを捕らえにくくなるのです。バッターの予測やタイミングをズラすため、有効な変化球を身につけていきましょう。

発射角度の違いでバッターの目線を変える

●ストレートの発射角度

●カーブの発射角度

ボールの変化による軌道の違い

●ストレートの軌道

●カーブの軌道

02

より打ちにくい変化球を投げるために

「ピッチトンネル」を利用すれば変化球がより効果的になる

ピッチトンネルとは、ボールがピッチャーの手もとを離れてから通る軌道です。「ピッチトンネル」をうまく使うことで、バッターに迷いが生じます。現代野球では、球速が上がり、ストレートに軌道を合わせた変化球をトンネルから出し入れすることで、ストレートとのコンビネーションを利用することが重要になってきています。

まずは、ピッチトンネルを通すか、通さないか。これらのボールをコンビネーションで使用することで、ストレートが打ちにくくなります。

ピッチトンネル内を通るストレートの軌道からバッターに近いところで変化させてトンネルから出し入れすることで、バッターの見極めを遅らせることができます。ストレート（4シームファストボール）をはじめに、カットボール、スラッター、スプリットフィンガーファストボール、フォークボール、2シーム（ジャイロシンカー）、チェンジアップ（奥行き）などの変化球が挙げられます。

また、バッターの目線を外すために、あえてストレートと軌道を合わせない変化球としては、ナックルカーブ、変化の大きなチェンジアップ（シンカー）、カーブ、スラーブ（パワーカーブ）などが挙げられます。

また、スイーパーや縦変化のスライダー（縦スラ）などは、これら両方の特性を持ち合わせています。

ピッチトンネルの観点から見た変化球の種類

●トンネル外の変化球
打者の目線は変わるが、リリース時の発射角度が大きく、球速がないためバッターに球種を見極められやすい

●曲がるタイミングが早い変化球
打者の目線は変わらないが、ストレートより球速がないため、いい打者には対応される

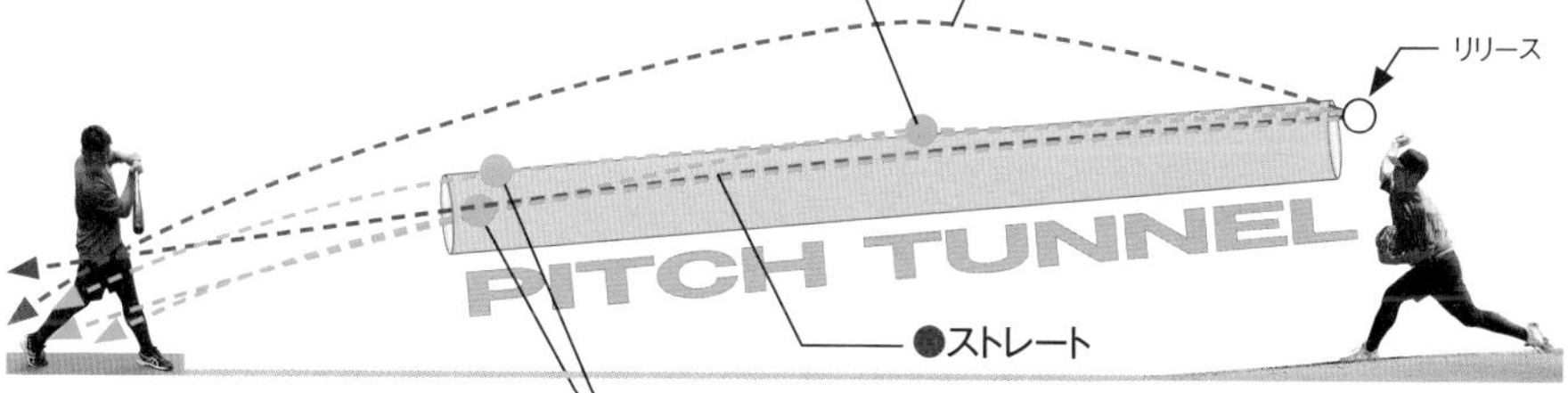

●曲がるタイミングが遅い変化球
バッターが球種の判別ができるのは、バッターから約9mの位置と言われている。そこまでの仮想トンネル(ピッチトンネル)を描き、途中までストレートと同じ軌道で、他の変化球よりも速いボールを投げることで、球種の見極めが難しくなる

●カットボールの軌道

カットボールの軌道は、途中まではストレートと一緒だが、バッターの手前でストレートと逆方向に切れる。

●ストレート(4シームファストボール)の軌道

ほとんどのピッチャーにおいて、ストレートにはシュート回転がかかっているため、右ピッチャーの場合、伸びながら右に切れる軌道になる。

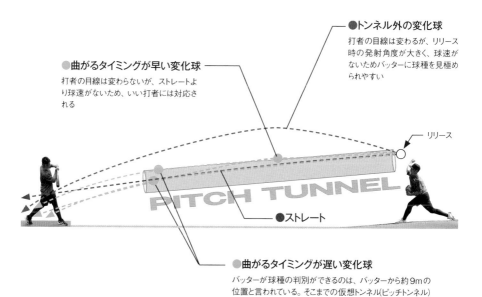

03

変化球の種類と分類

ボールの軌道に影響する「ジャイロ成分」って何?

変化球の種類は、打者にまっすぐと思わせるか、そうでないかの2つに大きく分類することができます。これには「ジャイロスピン」が大きく影響します。

「ジャイロスピン」とは、ボールの回転軸が進行方向に向いた回転です。ピッチャーから見たときに、右ピッチャーであれば時計回り、左ピッチャーであれば反時計回りの回転です。もちろん、ボールは3次元的に回転するので、実際の回転軸は上下左右にも傾きます。しかし、ジャイロ回転を利用することで、軌道がストレートに近くなり、変化する位置もバッター寄りになるのです。

それとは逆に、ジャイロ成分が低いと、サイドスピン(横回転)やバックスピンなどの縦回転の成分が高くなり、リリース直後から大きな変化をするボールになります。

別の言い方をすれば、ストレート軌道に寄せたジャイロ成分が高い変化球は、ストレートに近いフォームから投球して、ボール自体が変化してくれる高速変化球(Part2、Part3参照)と言うこともできます。

また、ストレート軌道に合わせないジャイロ成分の低い変化球は、自分でボールに回転を加えて変化させにくいボールと呼ぶことができ、球種によっては明らかに投げ方が変わるものもあります(Part4参照)。

変化に大きく影響する「ジャイロスピン」

ボールの回転軸が進行方向に向いているのがジャイロスピンです。

ボールの進行方向と回転軸が完全に一致している場合は揚力が発生しませんが、通常はボールの進行方向と回転軸がわずかにズレることで、バックスピンやサイドスピンの成分が加わって軌道が変化します。回転におけるジャイロ成分が高くなるほど、ボールの軌道が変化する位置がバッター寄りに、ジャイロ成分が低いほどリリース寄りになる傾向があります（00ページ「回転効率」参照）。

右投手が投げた場合のジャイロ回転（真ジャイロ）

右ピッチャーの場合、
回転方向は自分から見て
「時計回り」になる

ボールの速度が落ちてくる
と重力から受ける影響が大
きくなり、ボールの進行方
向と回転軸にズレが生じる

ボールの進行方向に向いているジャイロ回転（真ジャイロ）の回転を考えてみましょう。

リリース時に真ジャイロの回転がかかったボールでも、キャッチャーに近づくほど大きな重力の影響を受け、ボールの進行方向に対して回転軸が少し上を向く形になり、通常、ピッチャーから見て左に変化します。

ボールが受ける空気抵抗はシーム（縫い目）によっても違いがあるため、4シームと2シームに大別されています。実際は、4シームや2シーム以外の成分も入るため、シームから受ける影響の程度に関しては、今後の研究課題となっていくと思われます。

本書で紹介する変化球の種類と「ジャイロ成分」

ジャイロ成分を利用する変化球	
ストレート（4シームファストボール）	P.36参照
カットボール	P.76参照
スラッター	P.82参照
スプリットフィンガーファストボール	P.88参照
フォークボール	P.92参照
2シーム（ジャイロシンカー）	P.100参照
チェンジアップ（奥行き）	P.104参照
スイーパー	P.114参照
縦変化のスライダー	P.152参照

ジャイロ成分の少ない変化球	
ストレート（4シームファストボール）	P.36参照
ナックルカーブ	P.122参照
シンカー（変化の大きいチェンジアップ）	P.128参照
カーブ	P.136参照
スラーブ	P.144参照

04

ピッチングフォームと変化球

数ある変化球の中から どんな変化球を 身につければよいか?

変化球のバリエーションを考えるときに、まず基本となるのがピッチングフォームです。人間の体の構造上、ボールの変化量は振り出される腕の角度に応じてある程度決まってきます。

オーバースローの場合、基本的にはストレートならシュートしながら少し上にホップ、カットボールなら少し落ちながら自分から見て左（とはいえ落とすボールではない）、カーブやスライダーならもっと左……のようになります。

そして、スリークオータースロー、サイドスロー、アンダースローと、腕を振り出す軌道が傾くにつれて、各々の変化球の曲がる方向も変わっていきます。

まず最初に自分のピッチングフォームの特性を理解した上で、それに合わせて、「必要とされる変化球」と「より効果の高い変化球」を身につけていくことが大切です。

闇雲に全球種を投げようとして中途半端になるのは非常にもったいないことです。自分の中で自分の投げ方の特徴を把握したうえで、修得する変化球をチョイスしていくようにしましょう。

ここでは、ボールに上下左右の回転がかからなかったとき（真ジャイロの状態）に対して、どのように変化するか、それぞれのピッチングフォームから見て、その傾向をつかんでおきましょう。

ピッチングフォームとおおよその変化方向

変化球の変化の割合を理論的に考えたときに、その基準となるのは上下左右の回転がかかっていない真ジャイロもしくは無回転の状態。この「真ジャイロ」もしくは「無回転」に対して、どの程度、どの方向に変化をするかは、ピッチングフォームを見るだけでおおよその見当がつきます。つまり、腕を振る角度によって、変化の領域が決まります。

ここで注意して欲しいのが、真ジャイロや無回転のボールも多少変化するため、実際に目で見る変化方向や変化量とは少しズレているということです。

自分のフォームと照らし合わせて、自分の投球にどのような傾向があるかを把握しておきましょう。

●スリークオータースロー

腕を振る角度によって変化する領域もおおよそ決まる

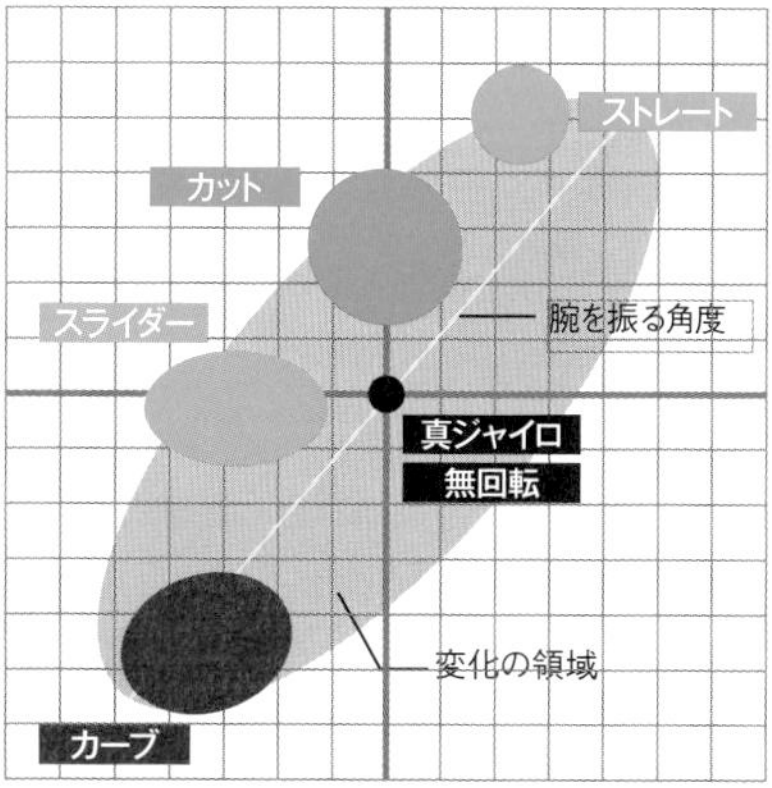

腕を斜め上から振り下ろすスリークォータースローの分布。ジャイロ回転のみの場合を中央としたときのおおよその変化の割合

※スライダー…本書で紹介する「スラッター(P.80参照)」と「スラーブ(P.144参照)」の中間の変化球

●オーバースロー

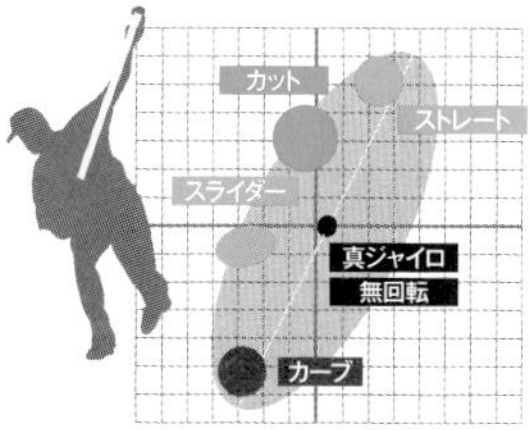

腕を上から振り下ろすぶん、スリークオーターより変化の領域も縦に広がる

●サイドスロー

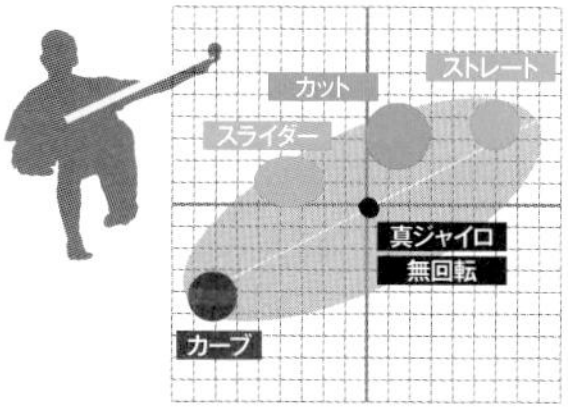

腕を横に振るので、スリークオーターより変化の領域は横に広がる

●アンダースロー

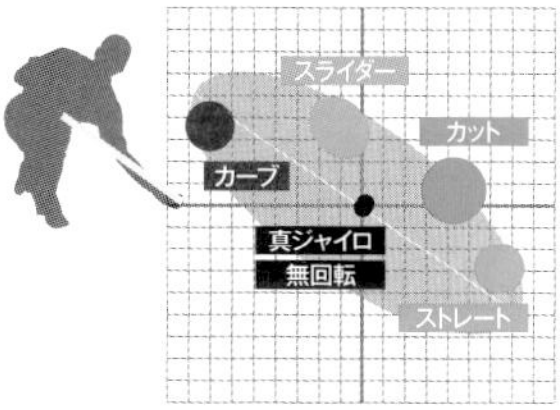

腕が下から出るので、スリークオーターのときと変化の方向が大きく変わる

05

得意球を使ってバッターを打ち取るために

持ち球の特性を生かして打ち取るバリエーションを増やす

誰もが自分が持っている球種の中でも得意不得意があったり、変化をさせやすい方向などがあったりするはずです。バッターを打ち取るためには、そこを理解したうえで対峙する必要があります。

ストライクをとるには、ボールの上下左右の変化を基準に3つの方法があります。

①ストライク→ストライク（ストライクのコース内でのピッチトンネル内での変化）

②ボール→ストライク（ピッチトンネルの外からストライクゾーンに入れる変化）

③ストライク→ボール（ピッチトンネルからボールになる変化）

ストライクのとり方として考えられるのは、①の場合は、見逃し、空振り、ファウル、②の場合は、見逃し、ファウル、空振り、③の場合は、空振りかファウル、となることが多いでしょう。この3パターンのストライクのとり方を、自分の変化球のなかでどうつくり出していくかが大切です。そのバリエーションが多いほど、バッターは的を絞りにくくなります。

自分の変化球の特性を理解して、自分はどのパターンが得意なのか、さらにはバッターはどれを嫌がるのか、まで考えて投げることができるのが理想です。

「バックドア」と「フロントドア」の変化球

変化球を考えるときに、最近よく耳にするようになったのが「バックドア」と「フロントドア」という言葉です。

「バックドア」とは、上下左右のベースの外側から入ってくる変化球です。たとえば、左バッターのアウトサイドから入ってくるカットボール、右バッターのアウトサイドから入ってくるツーシームなどのシュート系のボールなどが挙げられます。

それに対して、自分の体側から逃げるように変化するのが「フロントドア」の変化球です。左バッターのインサイドからストライクに入るシンカーやストレート系のボール、右バッターに対するカットボールやスライダーなどをイメージするといいでしょう。

●バックドアの変化

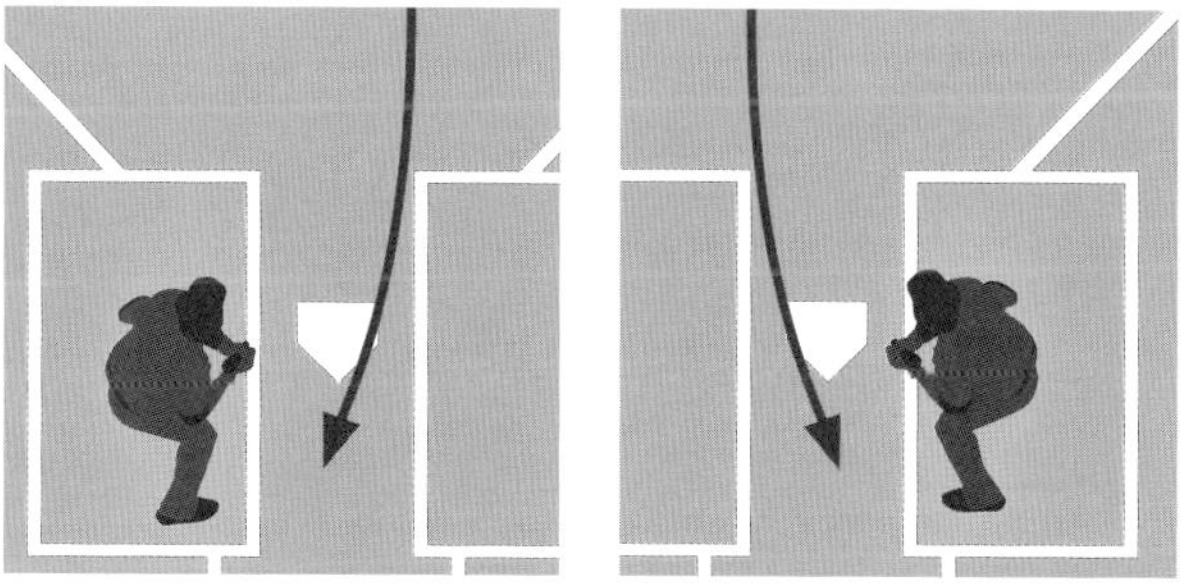

ベースの外側からバッターに向かって変化するのが「バックドア」。右バッターか左バッターかによって真逆の変化となる。①ピッチトンネル内での変化、②ピッチトンネル外からの変化、③ピッチトンネル外への変化を使い分けることでバリエーションができる

●フロントドアの変化

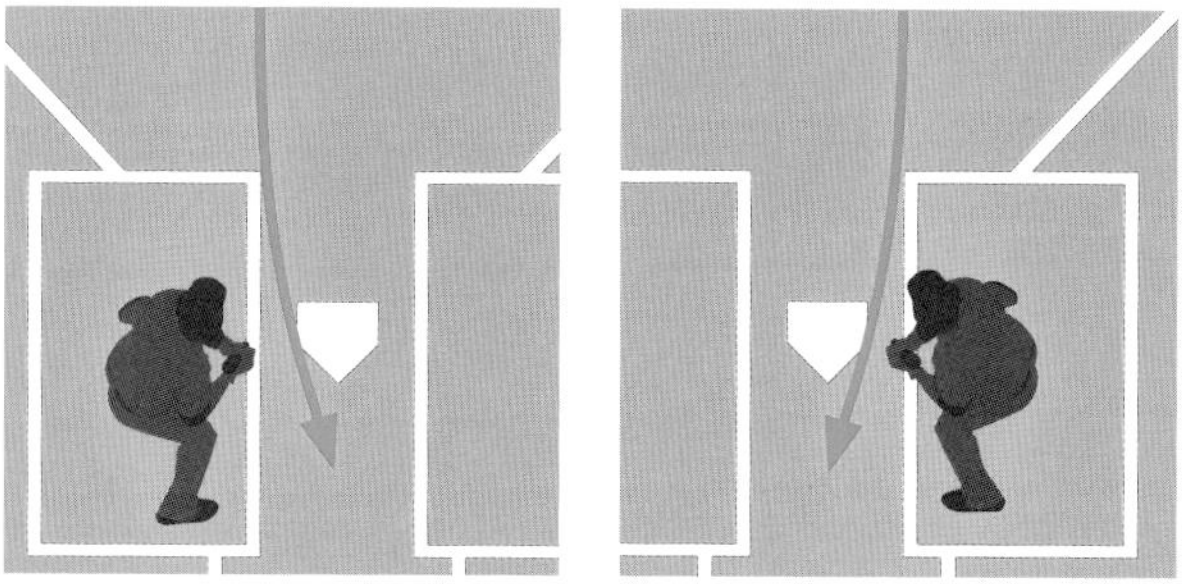

バッターの体側からベースの内側に向かって変化するのが「フロントドア」。バックドアとは逆の変化になるため、右バッターに対してフロントドアになる球種は、左バッターに対してバックドアの変化球になる

球種と変化の違い

実際は球種によって変化量や上下の変化も加わるため、右バッターに対して有効なバックドアの変化球でも、そのまま左バッターへのフロントドアの変化球として有効になるとは限りません。左右のバッターそれぞれに対して、自分のどのボールが有効になるかを考え、緩急なども加えて組み立てていくことが大切です。

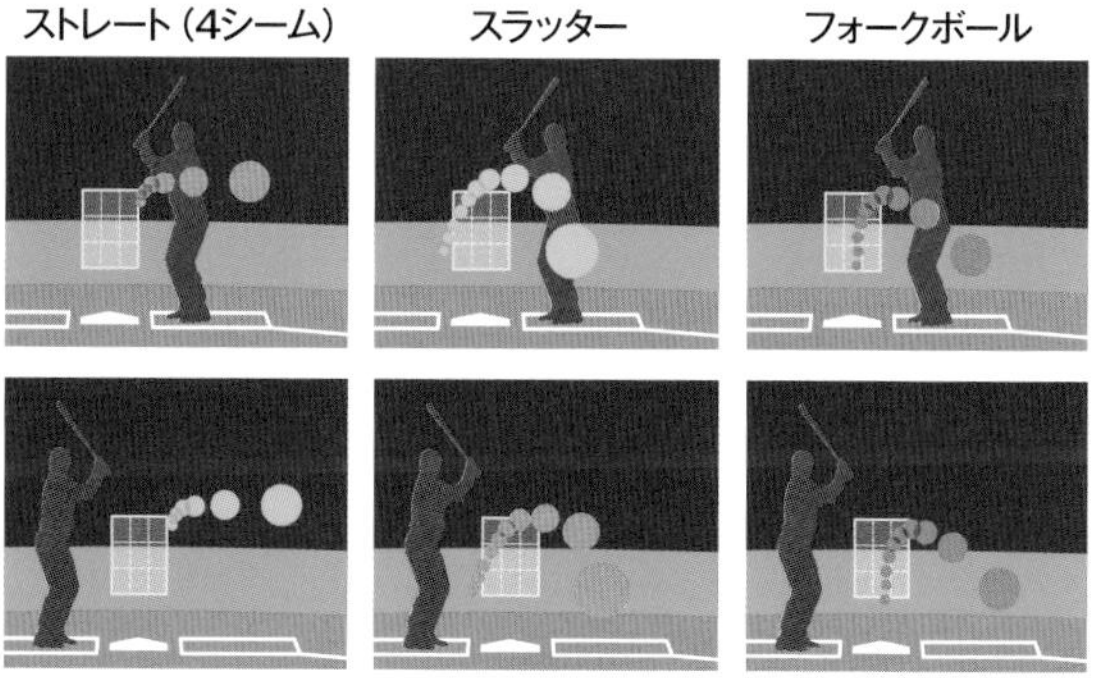

06

バッターの予測値を外すために

最低3方向の変化球を身につけることが大切

修得する変化球をチョイスするポイントは3つあります。

❶ 球種をチョイスする

まず自分がどのような変化球を投げたいか、もしくは自分のピッチングフォームでどのような変化球が投げられるのかを考えることが大切です。基本的には、無理なく投げられるのは、チャートで示した「変化の領域（ピンク部分）」に収まるボールです。

❷ 自分の投げ方と違う変化球

バッターはいろいろなピッチャーを見てきているので、頭で考えなくても、ピッチングフォームを見れば、おおよその予測はできるものです。そこで、フォークボールやシュートしながら落ちるボールなど、予測から外れた変化球を投げることで、バッターの対応を遅らせることができます。

❸ 最低3方向

変化量と自分の投げ方とは違う変化球を身につける（❷）と同時に、3方向の変化球を身につけて、それらを使いこなせるようにしておくのが現代野球のトレンドとなっています。3方向の変化球を操れるようにしておくことで、バッターの予測値から外す確率も高くなります。

3方向の変化球でバッターの予測を外す

ある程度のバッターになれば、ピッチャーの腕の振りを見れば、そのピッチャーがどのようなボールを投げてくるかのおおよその見当がつくはずです。

バッターは、まず最初にボールの発射角度を見て反応します。発射角度がストレートと大きく変わるボールに関しては、明らかにわかりますが、ストレート軌道の変化球に対しては、最初の予測領域の範囲内で狙いを定めます。そこで、有効になるのが、腕の振りから予測できない変化をするボールです。

初速が速く､予測と違うボールが来ることで、バッターは短時間で対応しきれなくなってしまうのです。その代表的なものが、スプリットやフォークボールのような「落ちるボール」です。

スリークオータースローの変化の領域

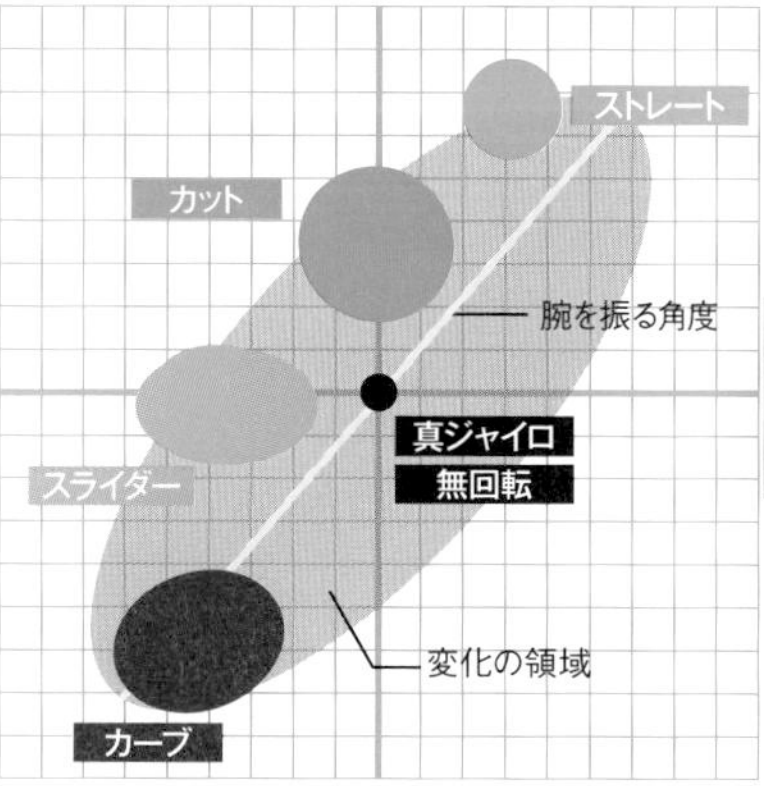

ストレート軌道に対するバッターの予測領域

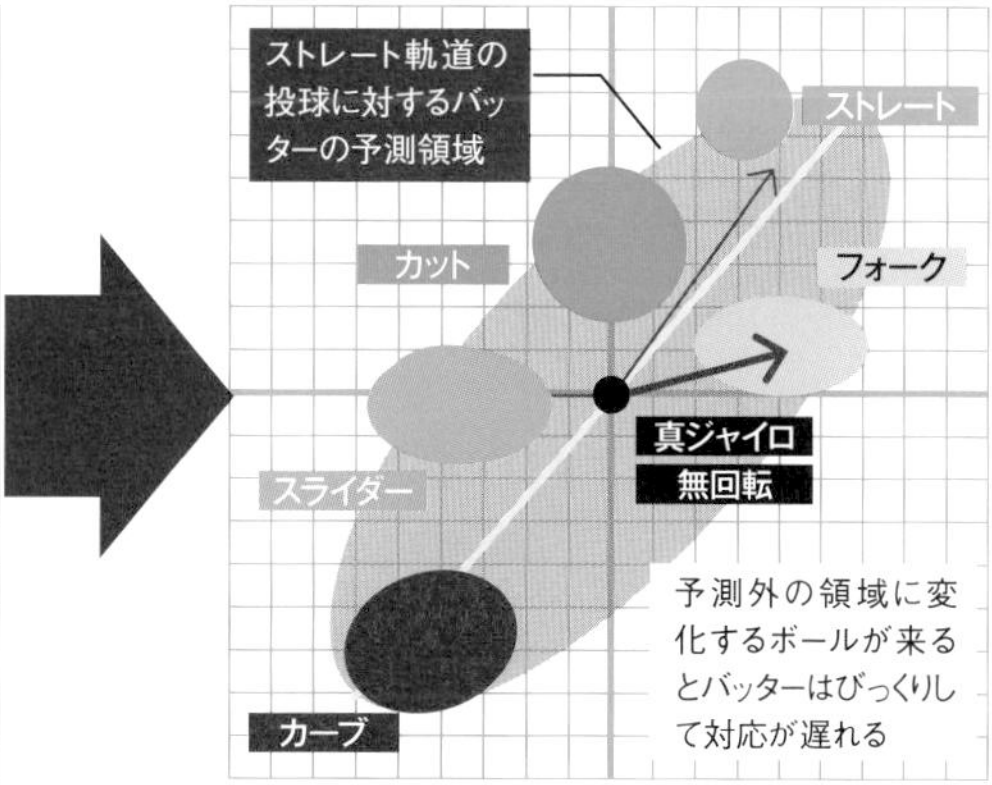

※スライダー…本書で紹介する「スラッター（P.80参照）」と「スラーブ（P144参照）」の中間の変化球

球速とバッターの反応時間

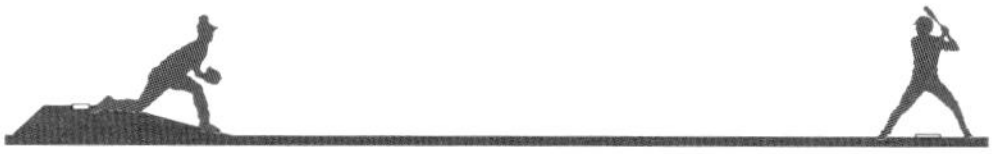

マウンドからホームベースまでの距離は18.44m。実際のリリースポイントはもっと前になります。バッターはこの短時間で反応するため、少しでも予測と異なることが起こると対応できなくなります。この点から見ても球速は速いに越したことはないことがわかります。

球速	到達時間
100km/h	約0.66秒
120km/h	約0.55秒
150km/h	約0.44秒
160km/h	約0.41秒

※到達時間は初速で計算

変化球の質を決める4つの要素 +1

Ball Speed
Element ① 球速

Spin Axis
Element ② 回転軸

Spin Efficiency
Element ③ 回転効率

Spin Frequency
Element ④ 回転数

+1 技術的要素
発射角度
Release Angle

バッターにとって打ちづらい変化球とは、「予測とは違うボール」もしくは「予測を上回る」ボールです。

前者に関しては、3方向以上の変化球を身につけることで、コンビネーションで対応することができます。後者に関しては、球速、変化量、変化する位置などがバッターの予測を上回ることを意味します。

これらに深く関わっているのが、①球速、②回転軸、③回転効率（28ページ参照）、④回転数、そして「発射角度」です。なかでも「球速」がもっとも重要で、次に「回転軸」と「回転効率」、そして、最後に「回転数」となります。

変化球と聞くと、「回転数」にフォーカスされがちですが、実は重要度はそれほど高くはありません。

そして、付加価値として加えるべきは「発射角度」です。まっすぐに対しての球速差を変化球と考えると、「発射角度」は、打者が最初に感じる部分です。フォークやストレートが抜けていれば、リリースの瞬間にバッターはわかります。しかし、「発射角度」は技術的なものなので、ここでは変化球の要素とは別に考えていきましょう。

Element ① 球速

「球速」を高めることでバリエーションが増える

球速による軌道(発射角度)の違い

バッターが一番最初に変化球を見極めるのが、ピッチャーがボールをリリースするときの発射角度です。そして、発射角度に大きく関係してくるのが「球速」です。

ボールにはつねに重力が加わっているため、球速が時速150キロであればボールの軌道は直線的、時速80キロであれば軌道は山なりになります。

仮に回転軸(ボールの回転方向)も回転数も同じで、球速だけ異なる2つのストレートで考えてみましょう。

同じストレートでも、時速140キロと時速100キロの山なりのボールでは、発射角度も異なり、変化の仕方も変わります。球速が速ければ直線的、遅ければ山なりになります。ピッチングでは、これをうまく利用することに大きなメリットがあります。

ストレートの球速を高める

まず、緩急をつけるときに基準となるのが「ストレート」です。どの変化球においても、バッターはストレートに対しての変化を考えます。

たとえば、落ちるボールを考えるときに、スプリットフィンガーファストボールであれば球速が速いまま変化させますが、バッターやそれまでの配球のコンビネーションによっては、球速を15キロ程度落としてチェンジアップ的な要素を入れたフォークボールの方がより効果的な場面もあります。このように、バッターの奥行き的な変化をつけるために「球速」は非常に大切な要素です。

つまり、ストレートの球速が速ければ速いほど、変化のバリエーションを多くすることにつながるのです。誰もが遅く投げることはできても、速く投げることはできないので、ストレートは速いに越したことはありません。

Element ② 回転軸

「回転軸」の向きによって球種や変化方向が決まる

ピッチャーから見たボールの回転(右ピッチャーの場合)

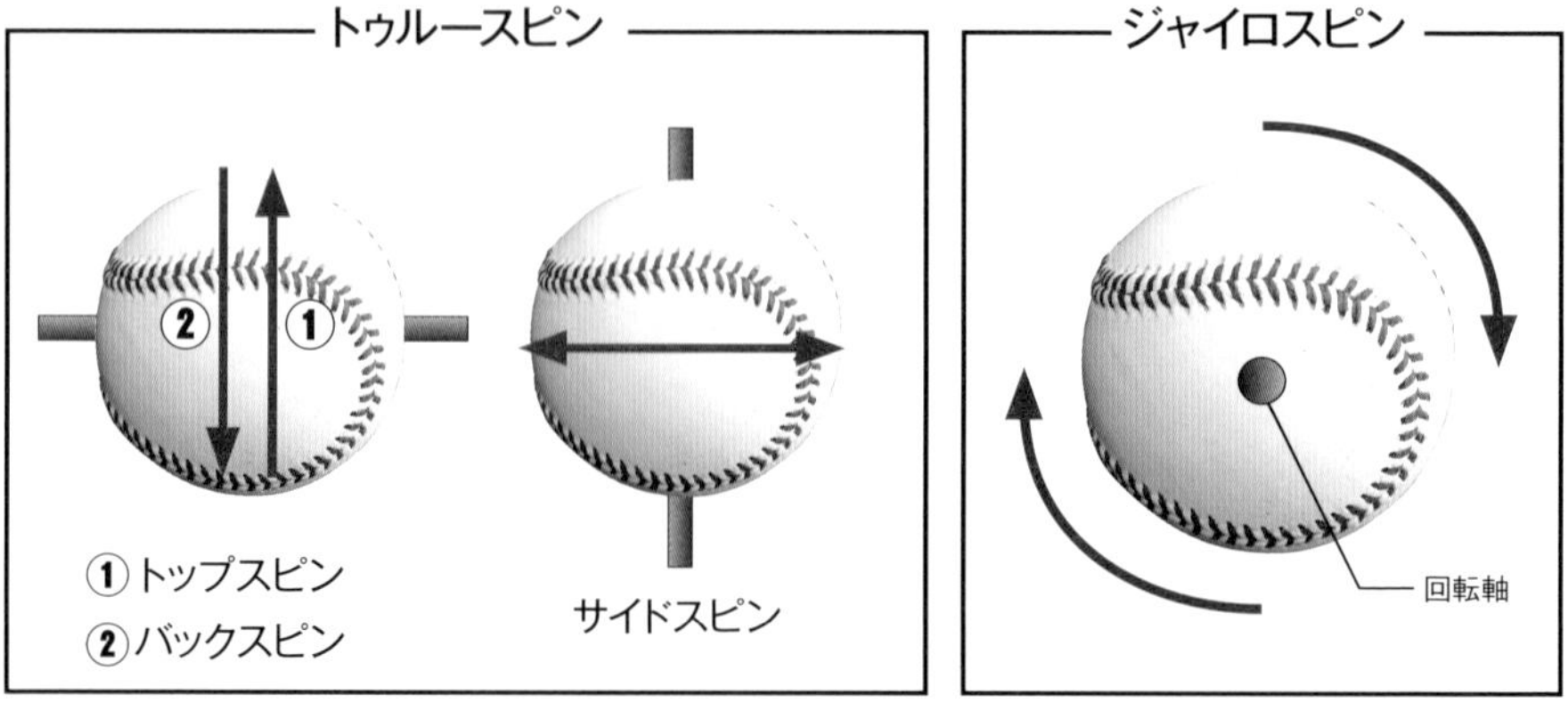

ボールは回転軸に対して90度に回転します。ピッチャーの手からリリースされたボールは、3次元の空間を移動するため、回転の成分は「ジャイロスピン」とその他の方向へのスピンの2種類に大きく分けることができます。

「ジャイロスピン」とは、ボールの回転軸が進行方向に向いた回転を表します。その他の方向へのスピンには、ボールの回転方向によって、バックスピン、トップスピン、サイドスピンなどの成分が含まれます。ボールの回転方向は、回転軸の傾きによって決まります。

ジャイロ成分は真上から見た回転の傾きで表されます。

たとえば、ピッチングマシンなどの純粋なバックスピンのストレート(4シーム)では、真上から見た回転軸の傾きは0度となり、これを「ジャイロ角度(度)」や「ジャイロ

ジャイロ成分（ジャイロ角度）

右ピッチャーのリリースを上から見たときの回転軸と回転方向

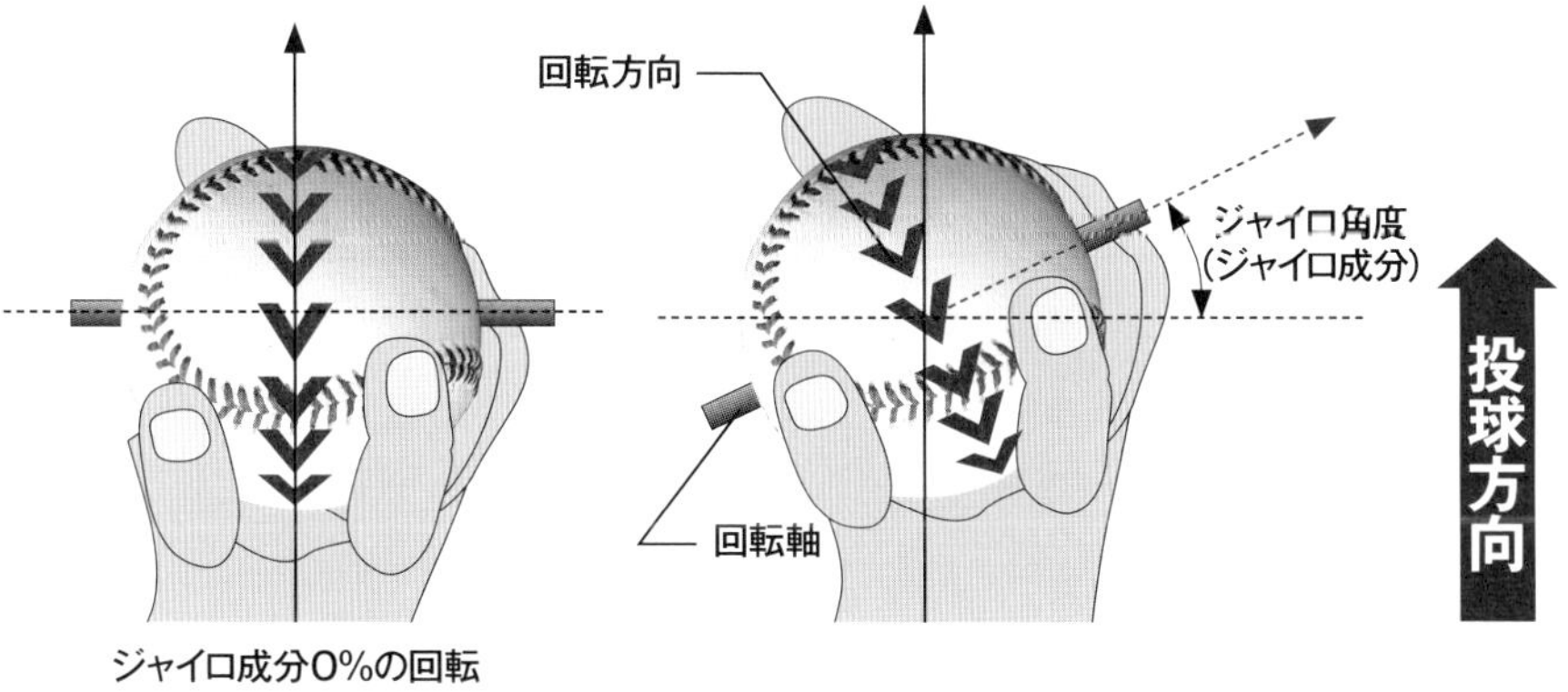

ボールの回転方向

ピッチャー側（ボールの後方）から見た回転方向の傾き

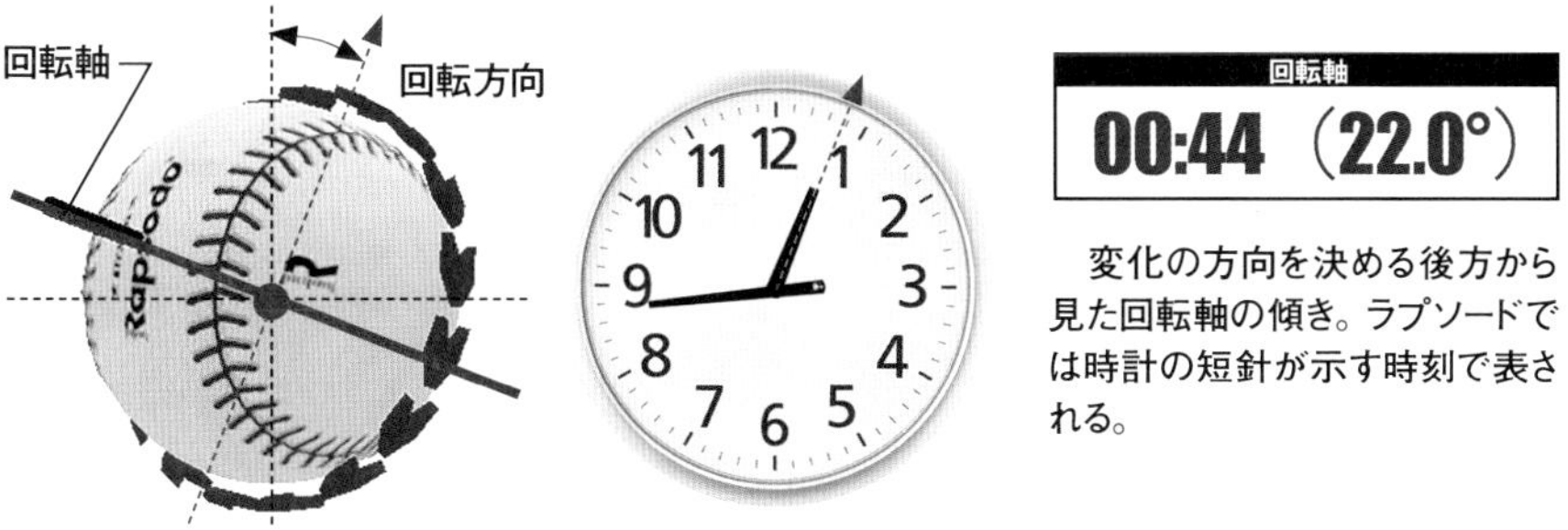

変化の方向を決める後方から見た回転軸の傾き。ラプソードでは時計の短針が示す時刻で表される。

成分（％）」と呼びます。ボールの回転方向は12：00のジャイロ成分0％（ジャイロ角度0度）のボールになります。

一般的に、ジャイロ回転はリリースしたときの手のひらの向きの影響を大きく受けます。手のひらの向きがホームベース方向からズレるほどジャイロ成分が大きくなると考えればいいでしょう。

ボールの回転軸が進行方向に一致したジャイロ成分100％の状態を「真ジャイロスピン」として、理論上は変化をしないボールになるため、無回転のボールと同様に変化量を表すときの基準となります。

変化の方向に影響をもたらす回転方向（スピンディレクション）は、時計の短針の傾きを使った時刻で表されます。

Element ③ 回転効率

スピンが変化に影響を及ぼす割合が「回転効率」

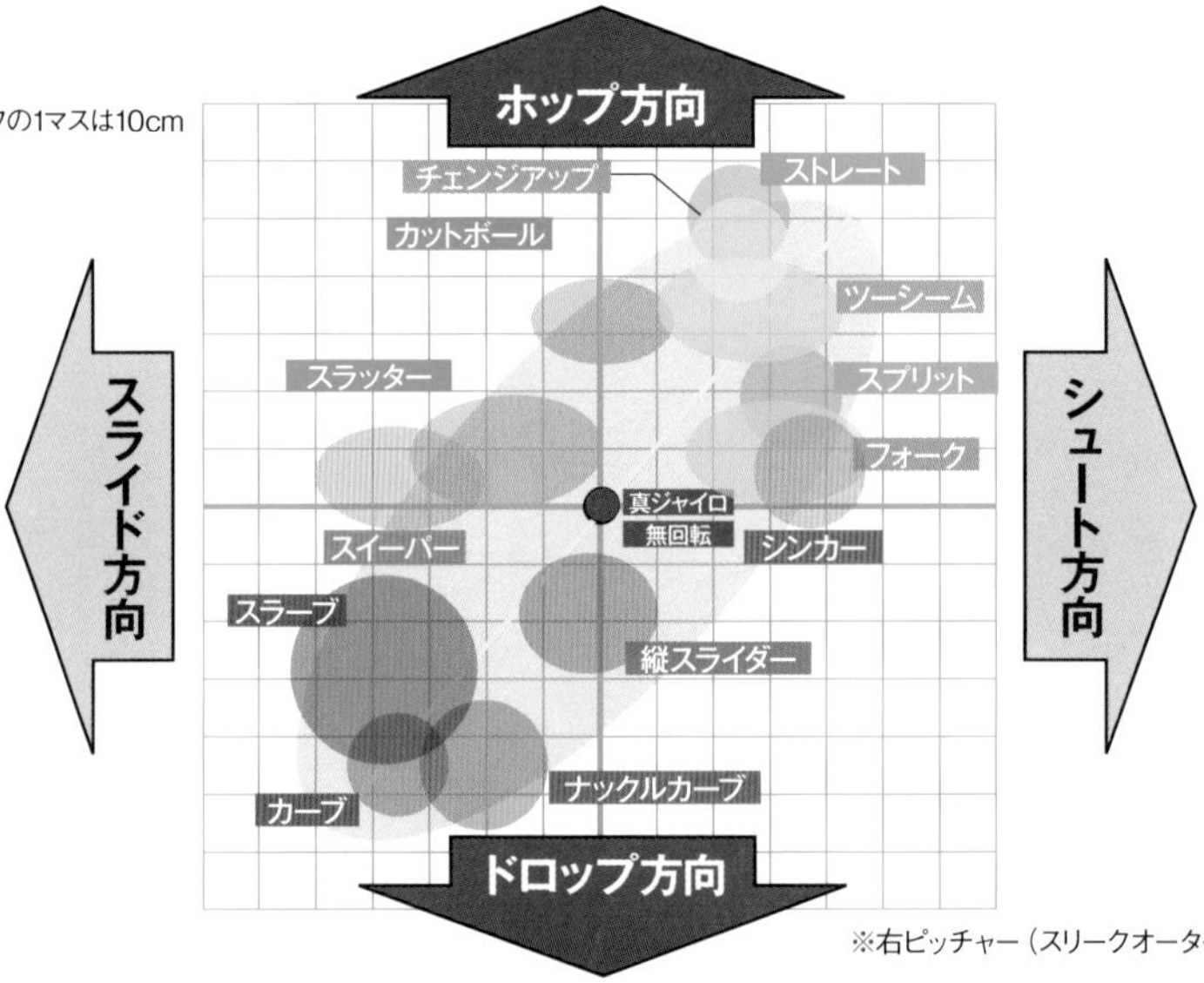

※右ピッチャー（スリークオータースロー）の例

「回転効率」は、変化球を分析するうえで非常に大切な要素です。

「回転効率」とは、ボールの回転がどのくらい変化量に影響しているかを示す数値です。言い換えると、実際の回転のなかでトゥルースピンが占める割合が「回転効率」です。

回転効率は0％〜100％で表されます。0％はジャイロスピンのみでトゥルースピンのない「真ジャイロ」もしくは無回転ということになります。逆に、100％であれば回転量がすべて変化量に影響している完全なバックスピン、トップスピン、サイドスピンであることを意味します。

投げた瞬間から大きく変化させたいなら高い回転効率、バッターの手もとで変化させたいなら回転効率が低くジャイロ成分が大きいボールを投げる必要があるということになります。

球種ごとの特性を決定する「回転軸」と「回転効率」

球種により回転効率は異なります。変化の方向は回転方向（回転軸の傾き）、変化量は回転量によってほぼ決まります。下記の数値を参考にイメージしてみるといいでしょう。

ストレート（4シーム）

P.45参照

回転方向	回転効率
00:30 ～ 01:30	95.0 ～ 100 %

カットボール

P.76参照

回転方向	回転効率
00:00 ～ 00:30	50.0 ～ 80.0 %

スイーパー

P.116参照

回転方向	回転効率
09:00	20.0 ～ 50.0 %

スラッター

P.82参照

回転方向	回転効率
11:00 ～ 00:00	00.0 ～ 40.0 %

ナックルカーブ

P.124参照

回転方向	回転効率
06:00 ～ 06:30	70.0 ～ 90.0 %

スプリットフィンガーファストボール

P.88参照

回転方向	回転効率
01:30 ～ 02:00	80.0 ～ 95.0 %

シンカー

P.130参照

回転方向	回転効率
02:30 ～ 03:00	70.0 ～ 90.0 %

フォークボール

P.94参照

回転方向	回転効率
02:00 ～ 03:00	65.0 ～ 85.0 %

カーブ

P.138参照

回転方向	回転効率
06:00 ～ 07:00	80.0 ～ 100 %

ツーシーム

P.100参照

回転方向	回転効率
01:00 ～ 02:00	60.0 ～ 100 %

スラーブ

P.146参照

回転方向	回転効率
07:00 ～ 08:00	65.0 ～ 85.0 %

チェンジアップ

P.106参照

回転方向	回転効率
ストレートと同等	80.0 ～ 100 %

縦変化のスライダー（縦スラ）

P.154参照

回転方向	回転効率
06:00 ～ 07:00	0 ～ 30.0 %

Element ④ 回転数

最後の要素は**変化量**に影響を及ぼす「**回転数**」

変化球と聞くと、まず回転数をイメージする方も多いことでしょう。確かに、回転効率（28ページ参照）を高めたい球種は回転数を増やした方が変化量が大きくなります。

ストレートを例に挙げると、ムービングさせて少し落とすことで打たせて捕るような特殊な場合を除いて、バットの上を通して空振りさせたいのであれば、単純に回転数が多いほど回転軸方向への変化量が増えるので効果的といえます。

逆にいえば、変化量をグラフで見たときに、理論的には無回転のボールは原点に位置します。これを利用して考えると、回転数を利用してストレート（4シーム）よりも落とすような変化をつけることができます。たとえば、4シームに対して、その軌道から少し落ちるツーシームなどを投げたり、4シームでも少し指を開いたりすることで、回転数は少なくなります。どちらの場合も、ホップしてシュートはしているものの、従来の4シームよりも落ちるボールになるため、ゴロに打ち取れるようになります。

このように、回転数は変化量に大きな影響を与えますが、回転の方向を決めるのは「回転軸」、回転数が変化に及ぼす割合を決めるのは「回転効率」なので、回転数は付加的な要素と言うこともできます。

実際、回転数を上げるのは非常に難しいので、個人的には優先順位は最後になると思います。まずは、ボールの変化の方向と変化の仕方を決める「回転軸」と「回転効率」にこだわることが大切です。そして、その付加価値として、もっと変化量を出したいと感じたときに回転数を考えるといいでしょう。

「回転数を上げる」のは、技術的にも最後の最後の部分です。どの球

指の乾燥具合や天候によってグリップが変わる。ピッチング時の調整はもちろん、日ごろから指先のケアをしておくことが大切

ラプソード

ラプソードなどの計測器を利用して、自分の感覚値と実際のボールの変化量、回転数や回転軸などを確認しておくことが大切

種にも共通して言えるのは、指先のグリップを高めることで回転数を増やすことができます。指先が乾燥し過ぎていたり、逆にロージンをつけ過ぎてもいけません。適度な加減を見つけることが非常に大切です。

あとは、投げ方によっても回転数は変わります。たとえば、4シームであれば、純粋にボールの後ろから押し出すボールなので、手首が負けないようにグッとボールを上から下につぶした方が回転がかかります。

それとは逆に、指をボールの横に滑らせる球種の場合は、もともとボールに回転を加えやすい投げ方であるため、グッと押せばよいというものでもありません。技術的な部分が大きく影響するので、回転数を増やすことは非常に難しくなります。

ただ一つ言えるのは、指先のコンディションで軽く200～300回転は変わってくるので、「どうすれば指を乾燥させないようにできるか」、逆に「湿らせ過ぎない方がいいのか」、「この程度の状態だとどれくらい回転がかかるのか」、「ボールをちゃんとグリップできている感覚」などを自分で把握できるようにしておくことが大切です。

ボールのメーカーや気候にも左右されるデリケートな部分なので、もっともしっくりくる手の湿り具合とロージンの量の関係などを知って、日ごろから指先のケアをしておきましょう。

できれば感覚値ではなく、ラプソードなどの計測器を使って実際の回転数などを見て確認しておくといいでしょう。

Release Angle

+1 技術的要素 発射角度

バッターが最初に球種を見極めるのは「発射角度」

ほとんどのバッターは、ピッチャーが投げた瞬間のボールのリリース方向で打ちに行くか行かないかを見極めます。つまり、バッターを打ち取ることを考えたときに「発射角度」は非常に大切な要素の一つです。

バッターからしてみれば、ストレートと同じ角度で発射されたボールが自分の手もとで変化することも、ストレートがそのまま自分の方に向かってくることも嫌なものです。ピッチャーはこれらのバッター心理を考えたうえで、ボールの変化のさせ方によって発射角度を決めなければいけません。

また、ストレート系で浮いてしまったボールなど、バッターはリリースの発射角度でかんたんにわかってしまうため、反応的に打ててしまうものです。これを考えると、もしかしたら「発射角度」はいちばん大切なのかも知れません。あえて意図的

球種によるリリースポイントや発射角度の変化

バッターの基準となるのは、ストレートのリリースポイントや発射角度です。例えば、カーブの場合はリリースでの手の向きも異なるため、リリースポイントが手前になり、軌道もストレートと大きく異なるため、発射角度が大きくなります。

スイーパー(P.114参照)や縦変化のスライダー(P.152参照)は、途中までまっすぐ軌道でいって一気にボールにするので、発射角度は中間くらいになります。このような点から見ると、球種に応じた発射角度を使い分けることは、ピッチングにおいて一番大事な要素とも考えられるかも知れません。

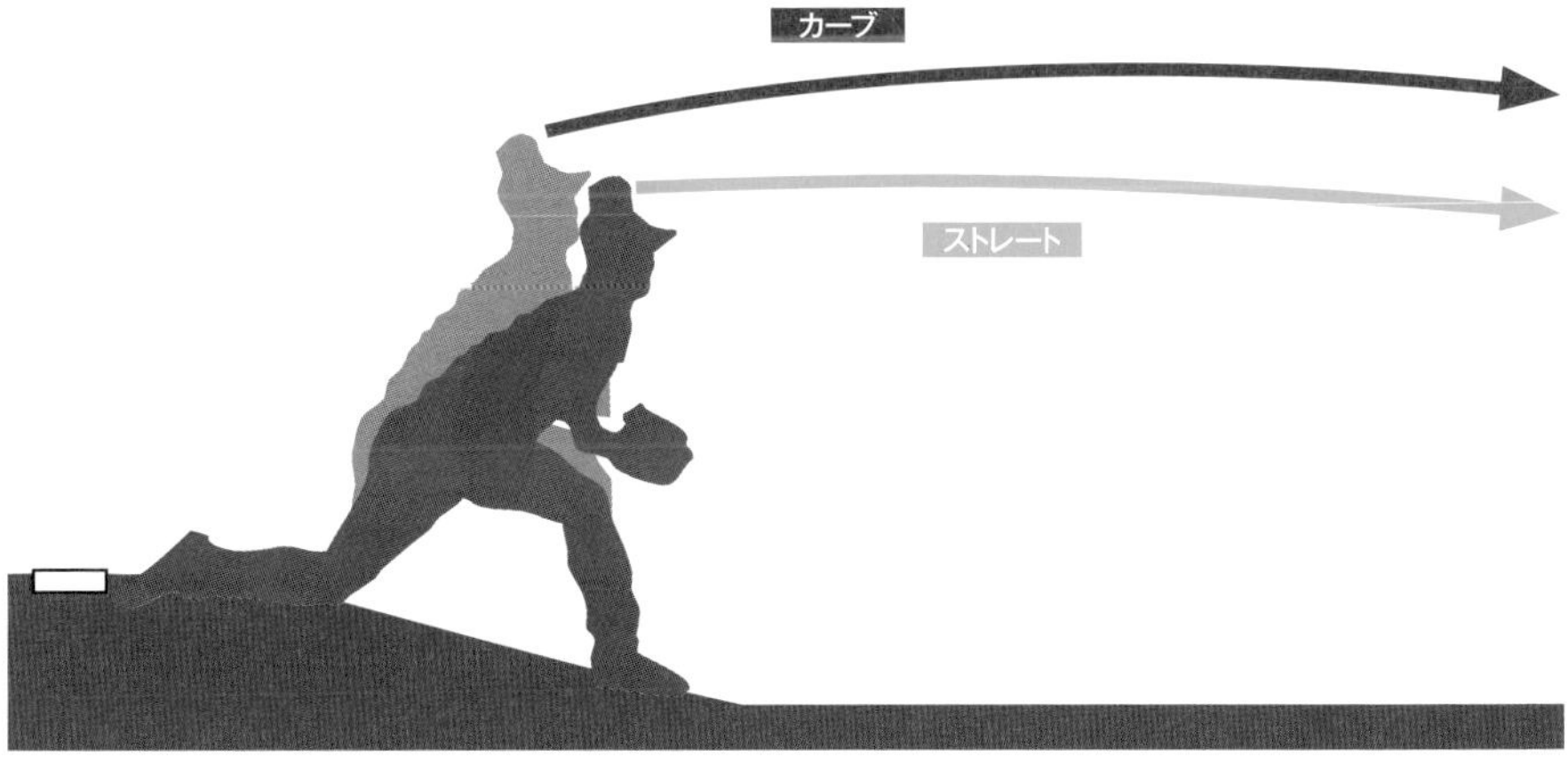

に「抜いたボール」を使うこともありますが、中途半端に抜けてしまったときがもっとも危険です。

カットボールを例に挙げると、あと20cm下であれば非常にいいボールなのに、高くなってしまうことで、同じ変化量でもホームランボールになってしまう危険があります。

極論を言うのであれば、発射角度を自在にコントロールできるようになれば、変化量がなくても空振りやアウトがとれるようになります。

発射角度が小さいとジャイロ成分が大きく、発射角度が大きいとジャイロ成分が小さくなるのが一般的です。しかし、フォークボールなどは、あえて発射角度を大きくして、高めからストライクに入れることもあります。

このように、球種の特性を理解したうえで、発射角度を意識して練習しておくことが大切です。

小中学生は変化球を投げないほうがいいのか？

ケガの観点から、一般的に骨の成長期の小学生は変化球を投げない方がよいと耳にするが、実際には投げている子どもも多く見られる。

「小中学生の変化球はよくないのか？」とよく質問をされます。その時、条件を満たしていれば「遊びのなかで変化球を練習していくといい」と私は答えるようにしています。

変化球の場合、手先で変化をかけようとすることでフォームが乱れやすいという問題があります。この間違ったフォームのまま練習をすることで、ひじや肩を傷めてしまうのです。

ですから、ピッチングフォームを見て、「ひじが抜ける」などの投げ方のエラーを指摘できる指導者が近くにいるという前提で、変化球を練習することは悪くないと思います。

小さい頃から、「こう投げたらこう変化する」という感覚を身につけておくことで、本書で紹介しているような具体的な回転方向や回転軸などの数値を知らなくても、自分の感覚とボールの表現がマッチしやすくなります。

神経的な発達が中学生くらいで止まることを考慮すると、「大人になってからしか変化球を修得してはいけない」というのはナンセンスに感じます。

個人的には、小学生でもある程度ボールを投げられるようになってからであれば、遊びのなかで変化球を練習していくといいと思います。

最初は、まっすぐに近いフォームで投げることができるカットボールあたりから修得していくといいでしょう。

こんなエラーには要注意!!

NG ひじが抜ける

腕を長く使えないため助走距離が短くなる。ひじを支点に前腕を振り出すため、ひじや肩への負荷が大きくなる

NG ひじの位置が低い

ひじの高さが低過ぎると、ひじを中心とした鋭角な回転になるため、ひじや肩に大きな負荷がかかる

Part 2

最大の変化球「ストレート」を完ペキマスター!!

最大の変化球は威力のあるストレート（4シームファストボール）

日本では、ストレートや直球などと表現されますが、実際の軌道はまっすぐではありません。アメリカでの呼び名は4シームファストボール。ファストボールのなかの一つで、ストレートも変化球の一種に分類されます。

現代野球では、ストレート（以下、4シームFB）に軌道を合わせた変化球（ブレイキングボール）が主流となってきているため、4シームが非常に重要になります。

4シームFBの球速を上げることが、その他の変化球の球速にも影響します。つまり、球速が速くなったぶん、バッターが判断するための時間が短くなるということです。

「全身からパワーを発揮してボールに伝える」という点において、ピッチングフォームの基本となります。

また、球速を上げることはコントロールにもつながります。

指先からボールがリリースされる方向がズレると、意図した方向にボールを投げることができずにコントロールが定まりません。それを、腕の振りやリリースで調整しようとすると、加速する動作にブレーキがかかり球速も落ちてしまいます。

ボールに最大の力を伝えるためには、ボールを投げたい方向に正しく力を持っていく必要があるということです。つまり、球を速くすることがコントロールにも大きく関係するということになります。

つまり、球速を速くするうえで、方向性も含めて正しい力の加え方をすることは非常に大切です。ベクトルがズレれば、そのぶん力も弱くなってしまいます。

まずは4シームFBの球速を上げることで、基本となる正しいピッチングフォームを身につけましょう。

ストレートの変化の軌道

4シーム FBがすべての変化球の基準になる

ストレートは別名「4シームファストボール」と呼ばれるだけに、握り方が非常に大切です。ボールの縫い目（シーム）がどのように回転するかによって、4シームなのか2シームなのかが決まり、その空気抵抗の違いからボールの軌道も変わってきます。

4シームでは、シームの狭くなっている部分が横になるようにボールを握り、人差し指と中指をシーム（縫い目）にかけます。人差し指と中指を少し広げて隙間をつくることで、ボールが左右にブレにくくなるため、コントロールしやすくなります。

人差し指と中指をぴったり揃えて握ると、リリース方向を安定させるのは難しくなりますが、ボールをしっかり押し出しやすくなります。いずれにせよ、もっとも基本的な握り方になるので、自分に合った握り方を身につけることが大切です。

ボールの握り方（基本）

人差し指と中指、親指をそれぞれ縫い目（シーム）にかけて握ります。シームに指をしっかりかけることでより回転がかかり、初速と終速の差が小さい伸びのあるボールになります。

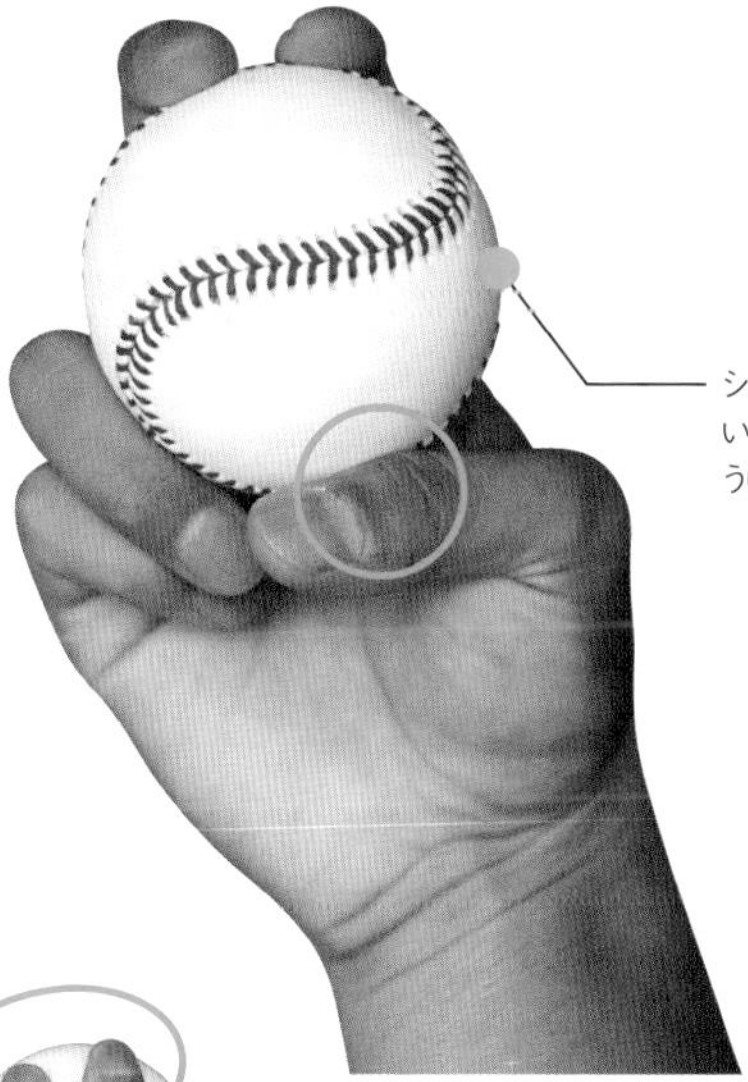

シームの間が狭くなっている部分が横になるようにボールを握る

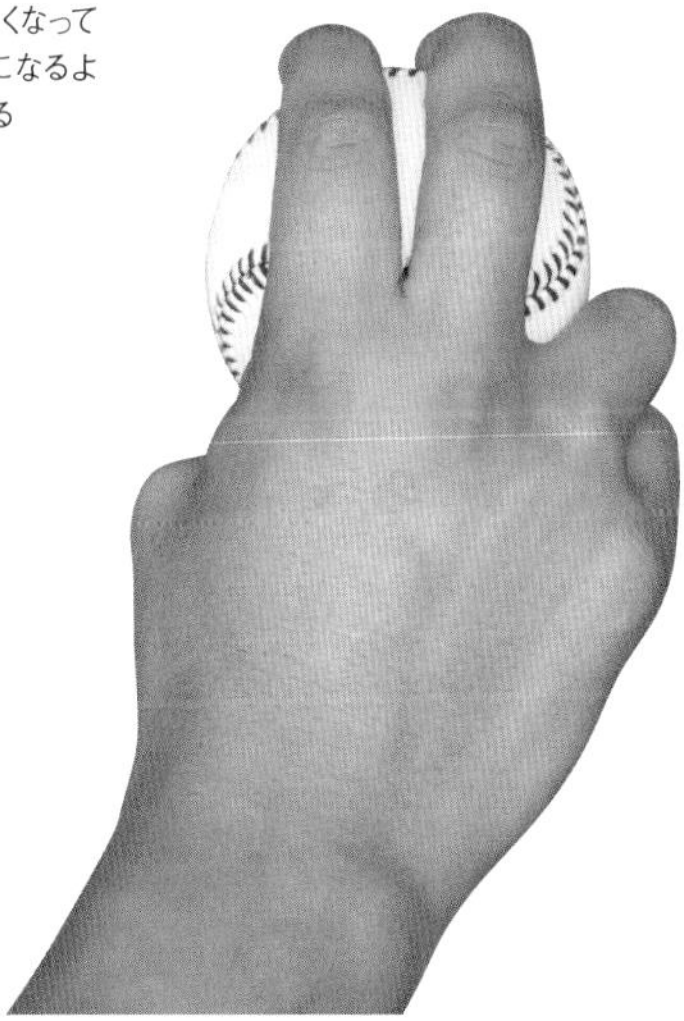

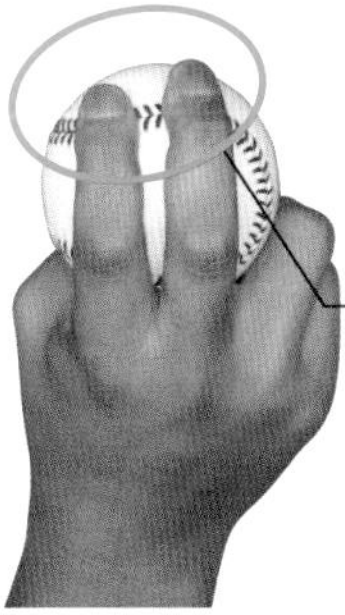

人差し指と中指をシームにかける

人差し指と中指のすき間

人差し指と中指を少し広げてすき間をつくるとコントロールしやすくなります。指を閉じてコントロールがブレるくらいなら閉じなくていいでしょう。

どちらにせよ、手首が負けないようにボールの重心に向かってしっかり握ることが大切です。力む必要はありませんが、手首の形をロックしてリリースで負けないようにすることが大切です。

すき間を空ける

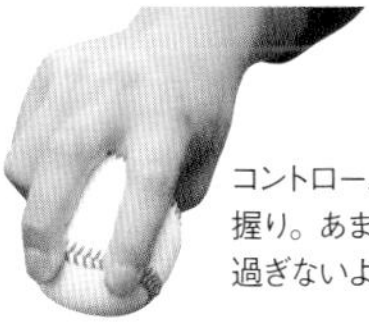

コントロールを重視した握り。あまり大きく広げ過ぎないようにしよう

指をそろえる

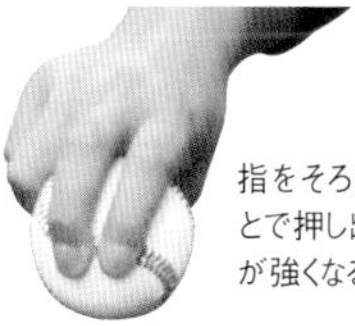

指をそろえることで押し出す力が強くなる

リリース時の手首

手首をロックさせてボールを押し出す。手首が負けてしまう場合は、少し指を広げてボールを握った方がいい

NG 手首が負ける

手首が負けているとリリースが安定せず、力も伝わらない

内田式4シーム の握り方

中指を少し浮かせれば2本の指で押し出せる

ストレートのリリースは、人によって変わりますが、私の場合はボールをしっかり押し出して力を伝えたいという観点から、中指と人差し指の両方を使ってリリースすることを意識しています。

そのため、ボールの握り方に少し工夫を加えています。通常、中指と人差し指の腹をボールにつけて握りますが、その場合、2本の指の長さが異なるため、指先の位置がそろわなくなってしまいます。そこで、中指を浮かせることで指の長さをそろえるように握っています。

みなさんは、必ずしも指を浮かせる必要はありませんが、ピッチャーであれば必要に応じて自分に合った握りを考えることも大切です。

●通常の握り

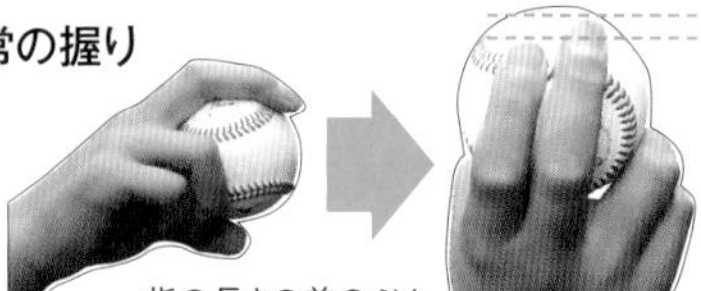

指の長さの差のぶん指先の位置がズレる

●中指を浮かせる

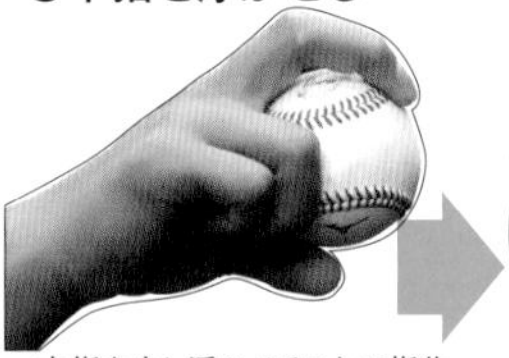
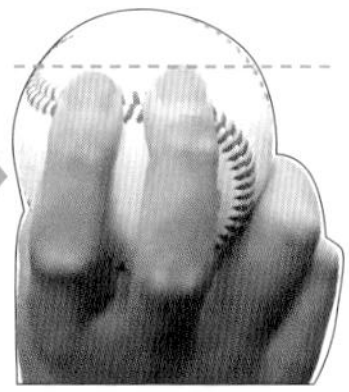

中指を少し浮かせることで指先の位置をそろえれば、リリースのときに2本の指で押し出せる

親指はロックさせるべき？

よく質問を受けるのが「親指の位置」です。ボールを握るときに親指をロック「させる」「させない」のどちらがよいかいうこと。

最近は「ロックさせた方がいい」とよく耳にします。確かにロックさせた方が手首は負けにくくなる感じはありますが、結局は自分に合った握り方であれば、どちらでもかまいません。もし、ロックさせることで変にコントロールが悪くなるなら、ロックはやめた方がいいでしょう。

●親指をロックさせる

親指をロックさせると手首が負けにくくなる

●親指をロックさせない

多くのプロ野球選手やメジャーリーガーをには、ロックさせていない選手も一定数いる

ストレートが4シームファストボールと呼ばれる理由は、ボールが1回転する間に縫い目（シーム）が4回通過するためです。

オーバースローで投げても安全なバックスピンにはなりませんが、基本的には回転効率が高いボールになります。初速と終速の球速差が小さく、バッターから見て、あたかも加速しながら手もとでホップしているように見えることでしょう。

一方、回転効率が低い（ジャイロ成分が高い）4シームFBは、回転効率が高いボールよりも変化量が小さくなります。球速があっても、球速ほどホップ成分の威力を感じられないので、よく「ノビやキレがない」などと表現されます。

ストレートの球速を高めるという点においても、私はストレートにおける回転効率を重要に考えています。

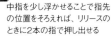

回転軸から見た4シームファストボールの回転

ボールの進行方向

ボールが1回転する間にシームが規則的に4回通過する。4回通るぶん2回よりも受ける空気抵抗が大きくなる

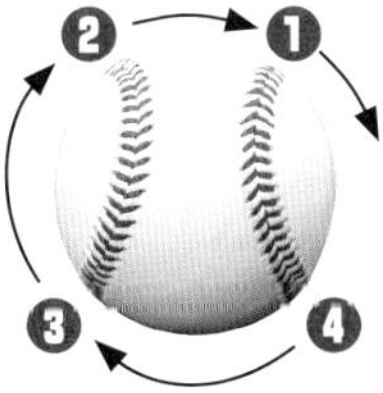

2シームの回転

ボールが1回転する間にシームが不規則に2回通過する

ボールの進行方向

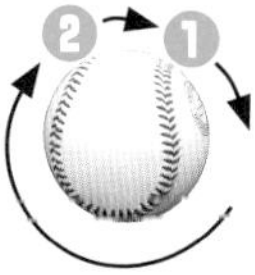

ピッチャー側から見たボールの回転

※著者・内田聖人の例（右・スリークオータースロー）

※ピッチングフォームによって軸の角度は異なる（17ページ参照）

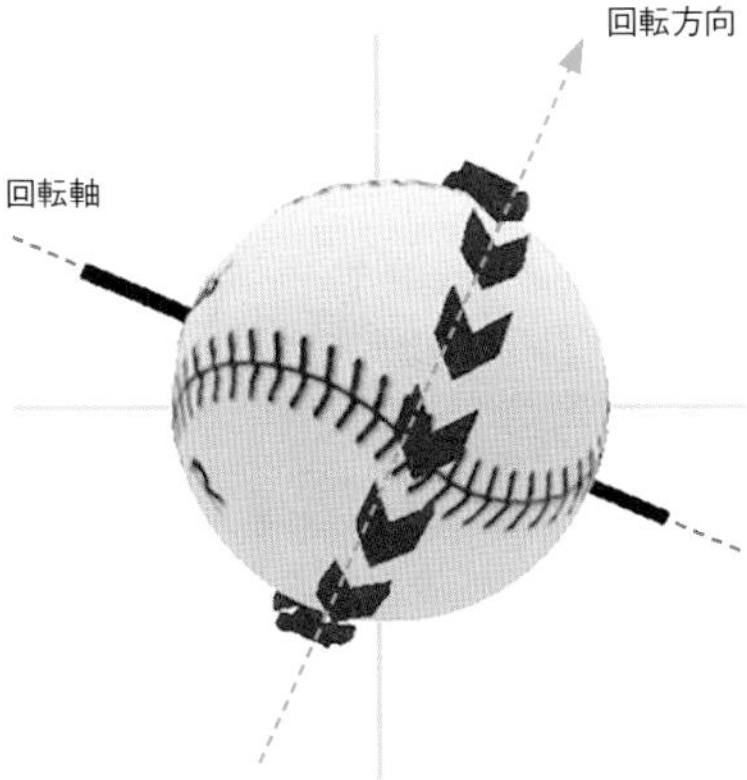

変化量

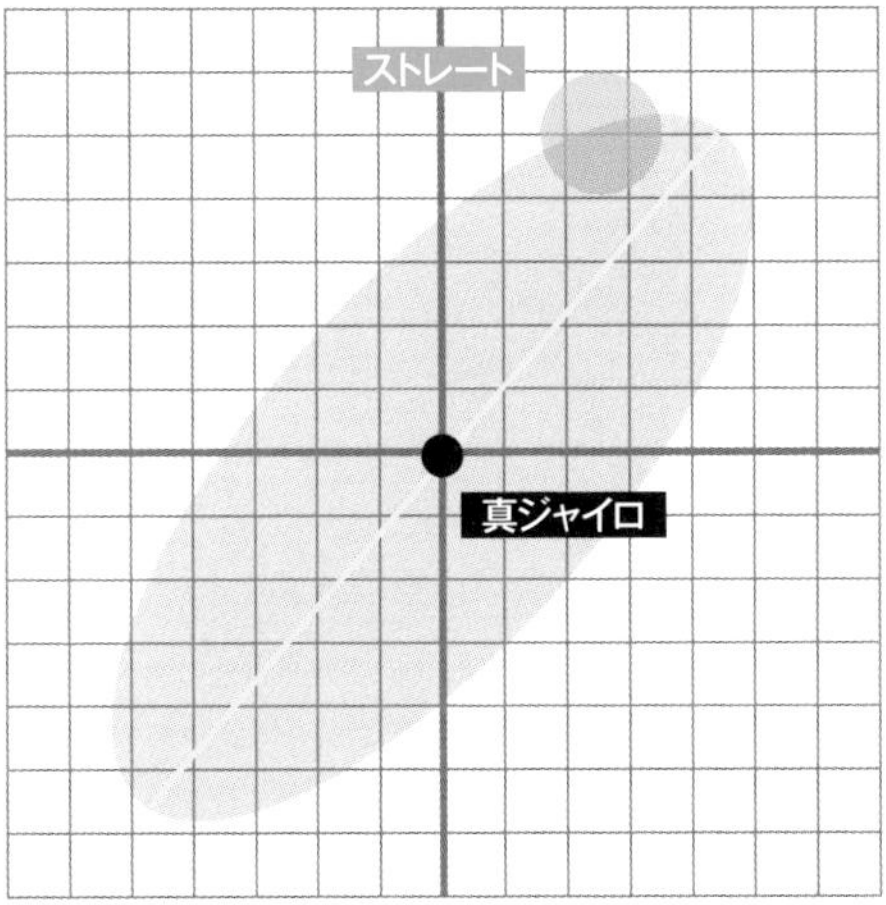

変化球の目安となる数値

球速

ストレートが基準になる

回転方向

00:30 ～ 01:30

回転効率

95 ～ 100 ％

スピン量

ストレートが基準になる

※右・スリークオータースローの場合の参考値

ストレートのデータがすべての変化球の基準になる

ストレートの変化は、基準となる真ジャイロ(もしくは無回転）に比べて、シュート方向のホップするボールになります。

ストレートは個人によって投げられるスピードが異なりますが、すべての変化球の基準となります。

他の変化球を考えるときに、「球速」や「スピン量」はストレートの数値が基準になります。また、「回転方向（回転軸の傾き）」、「回転効率」、「発射角度」に関しても、ストレートを基準に考えることでイメージしやすくなるでしょう。

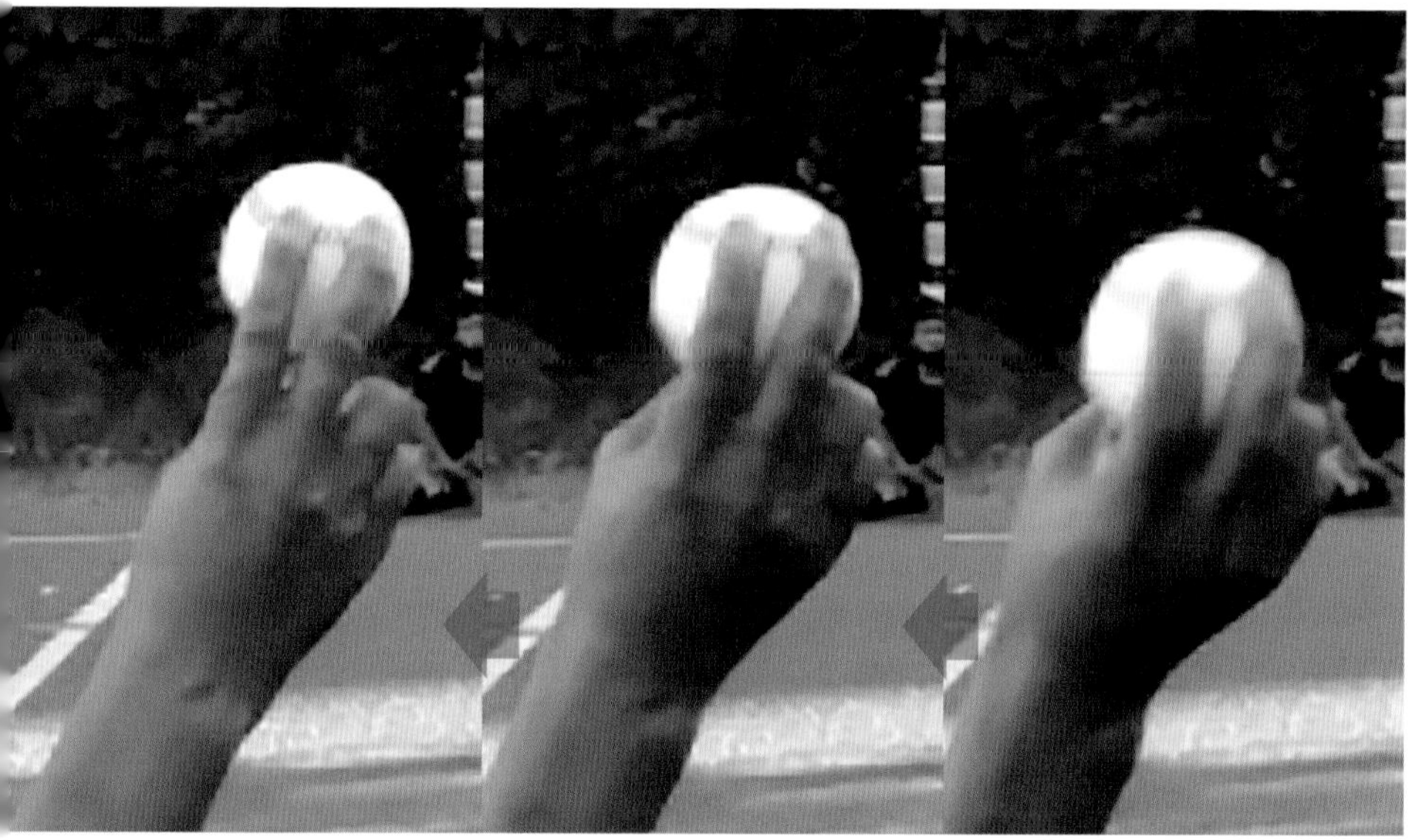

ボールの重心を押して パワーを伝え切る

ストレートはもっとも球速の出る球種です。それだけに、リリースまでのピッチング動作で生み出された力をロスなくボールに伝えることが非常に大切です。

そのためには、ボールの重心をしっかり捕らえて、最後まで指先でボールを押し出す必要があります。

最後に手首のスナップを使ってしまったり、押し出す方向がズレてしまうと、力が逃げて球速も出なくなってしまいます。

リリースの乱れは、ピッチングフォームの乱れから起こることも多いものです。そのためにも、正しいフォームを身につけることが大切です。

この「4シームのリリース」から逆算していくことでピッチングフォームができあがります。大きなパワーを生み出すピッチングフォームを身につけ、それをロスなくボールに伝えられるようになりましょう。

ボールの重心をとらえて最後まで押し出す

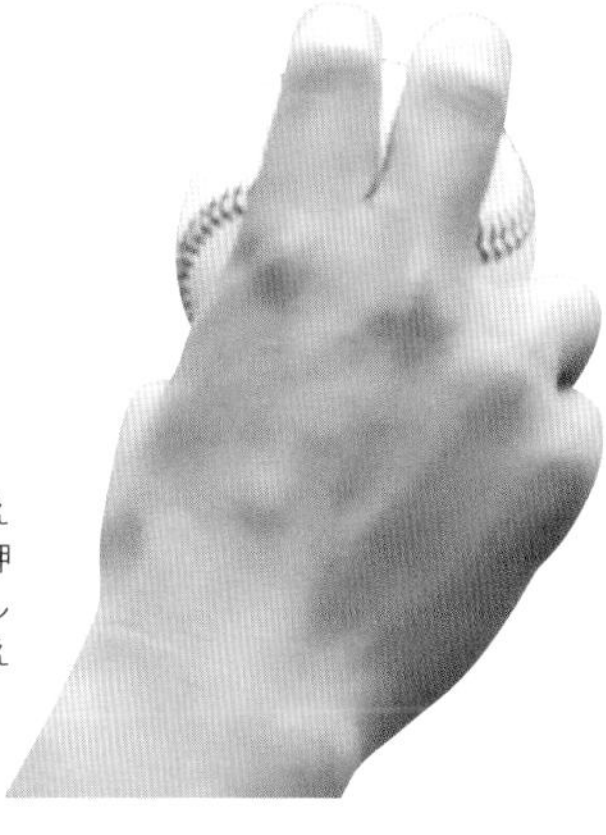

ボールの重心をとらえてリリースで指先で押し出すことで発揮した力をボールに伝えることができる

リリースは指先になるが、最後にしっかりボールの重心を押し出すことが大切

NG 指を抜く方向が悪い

最後のリリースで押し出す方向が悪いと力が逃げてボールに伝わらなくなる

NG 手首が背屈する

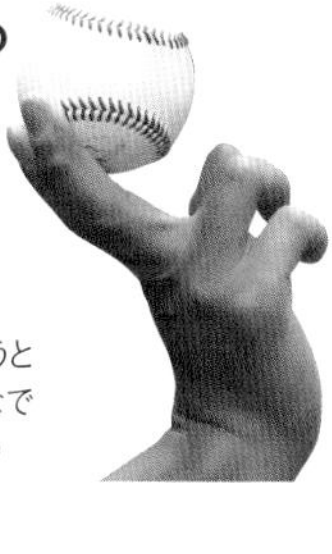

手首を使って投げようとするとボールの下をなでて、力が逃げてしまう

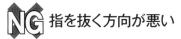

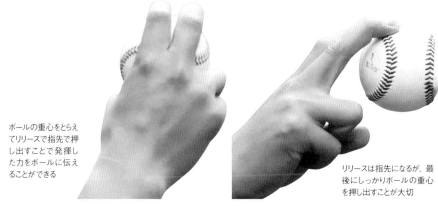

4シームファストボール

ピッチングフォームの基本をマスター

基本となるピッチングフォームを
4シームでマスターしよう。
発揮したエネルギーをボールに伝えて
できるだけ速いボールを投げられる
ようにしておくことが大切。

Sequence **Side** View

連続写真❷ 前

Sequence **Front View**

連続写真③ 背面

Sequence **Behind View**

フォーム修得に必要な4つのポイント

POINT 1
並進動作
← P.52参照

POINT 2
テークバック
← P.53参照

POINT 3
トップ
← P.54参照

POINT 4
リリース
← P.55参照

　ピッチングフォームは、個人差も大きく、体の特性などによって人それぞれです。ただし、修得する際に、おさえておきたい４つのポイントがあります。とくに、フォームを確認する際に「並進動作」、「テークバック」、「トップ」、「リリース」の４点をチェックすることが大切です。

　しかし、ピッチング動作は、リリースに向けて最大限に加速して、爆発的なパワーを生み出し、それをボールに伝える全身動作です。この複合的な一連の動きの中で、一部分だけを切り取って修正するのは不可能です。一連の動きの中で、正しく体を使う感覚を磨いていくことが大切です。

　例えば、リリースの位置を変えたいのであれば、リリースから逆算して、それまでのすべての動きを調整していく必要があるのです。

　指導者の中には、動作の一部分だ

一連の動作を「線」でとらえることが大切

理想のピッチングフォームは正しく体を使った結果できあがるもの。修得するには、形でなく体の使い方を身につけることが必要不可欠

けを切り取って、その形を指摘する人もいます。しかし、それはかんたんに修正できるものではありません。全体的なピッチングフォームの一点を変えることで、全体の歯車が乱れてしまう可能性もあるからです。

連続した複雑な動作を修得するときに大切なのが「動きを線でとらえる」ことです。一連の動きとしてとらえることで、動作の連続性が保たれ、生み出されたパワーをロスすることなく、次の動作につなげていけるのです。点と点をつなごうとすると、動きが不自然になってひじや肩にかかる負荷が大きくなり、結果的にパワーをロスしてしまいます。

つまり、フォームのどこかに問題があるようなら、もう一度全体の動きを見直して、動きの中で修正していくことが大切です。ここでは、チェックすべき4つのポイントを紹介していきます。

POINT ①

「並進動作」で一気に動きを加速させる

重心を上げたところから大きく踏み出して加速する。

高い位置にある重心を並進動作とともに下げて動作を加速させる

NG 上体がつっ込む

上体が前につっ込んでしまうと体幹が使えないため、並進動作で得たエネルギーを生かして腕を振ることができなくなる

NG 後方に残る

重心が後方に乗り過ぎていると、投げるときに上体がつっ込んでしまう

NG のけ反る

のけ反った姿勢のまま投球はできないので、どこかで体をつっ込ませる動作が必要になる

POINT 2

「テークバック」をいじるとピッチングが崩れる

テークバックの形をいじると全ての動作に影響が及ぶ。

さまざまなテークバック

テークバックは人それぞれ。投げやすい自然な位置でかまわない。高さの高低、ひじの曲げ伸ばし、腕の内外旋なども意識して行うものではない。コーチや周囲の人間が絶対にいじってはいけないデリケートな部分

NG 腕を背後に引く

テークバックは自分が投げやすいところが基本だが、背中側に腕を引いてしまうとケガのリスクが高まるので注意しよう

NG 極端な腕の軌道

トップからリリースで腕の軌道が鋭角になり、コントロールが乱れやすくなる

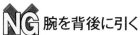

「トップ」はケガとコントロールに影響する

腕の振りが一気に加速する局面だけに注意が必要。

両肩の延長線上にひじがくるのが理想。肩にもっとも負荷がかからないポジション

上半身と下半身が逆に捻られた状態。この捻転差から大きなパワーが生み出される

腕で大きな弧を描く

回転の半径が大きいほど、関節にかかる負荷が小さく、生み出される遠心力も大きくなる

NG ひじの位置が低い

ひじの高さが低過ぎると、ひじ中心の回転になり、軌道が鋭角な反動を使った投げ方になる。ひじや肩にかかる負荷が大きく、ケガにもつながる

NG 上体がつっ込む

上体がつっ込むと、そのまま投げれば地面に叩きつけるボールになるため、リリースで手首を背屈させるエラーが起こる

POINT 4

「リリース」ではボールを最後まで押し出す

ボールの重心を最後まで押すことでパワーが伝わる。

重心を意識する

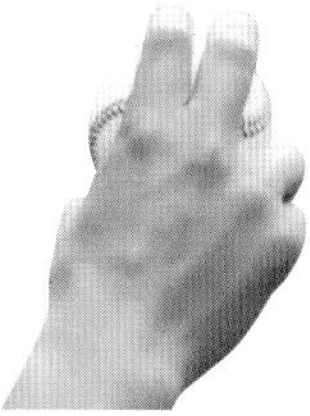

リリースは指先になるが、つねにボールの重心を意識して、最後にしっかりボールの重心を押し出すことが大切

最後まで押し出す

ボールの重心をとらえて指先で押し出すようにリリースすることで、今までに発揮した力をボールに伝え切るイメージで投げる

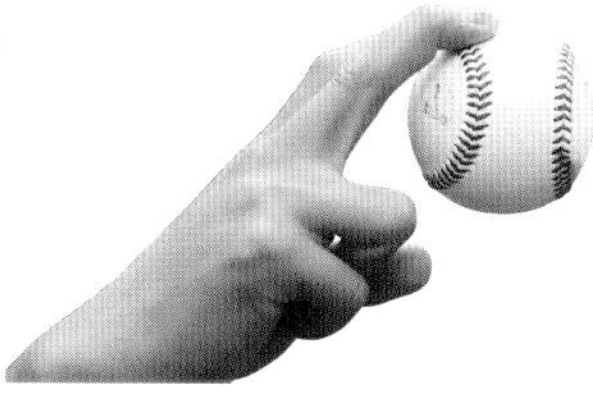

NG 手首が背屈する

手首を使って投げようとするとボールの下をなでて力が逃げる

ひじが前に出ると、手首を背屈しないと投げられなくなる

NG 指を抜く方向が悪い

正しく体が使えていても、リリースで押し出す方向が悪いとボールに力が伝わらなくなる。球速だけでなく、コントロールにも大きく影響する

球速を高めるための4つの要素

ボールのパワーを生み出す要素には、「フォース」、「ベロシティ」、「メカニクス」、「モビリティ」の4つがあります。これら4つの要素が互いに連動して生まれたパワーをボールに伝えることが球速につながります。

「フォース」とは、「重さ」を意味します。体重を含めた「地面を押す力」で他の3要素の土台となる部分です。フォースはトレーニングで筋力を高めることで強くなります。

「ベロシティ」は「速さ」です。「フォース」から得た力を利用することで得られる「動作の速度」と考えるといいでしょう。トレーニングのなかで自分が操れるウエイト（重さ）を増やしていくことが「ベロシティ」にもつながります。

そして、「フォース」を「ベロシティ」につなげるための「技術」が「メカニクス」です。フォースを出すための体の使い方や、地面から得た反力を球速につなげるための体の使い方とイメージするといいでしょう。

最後に「モビリティ」です。これは「可動域の広さ」ではなく、ピッチング動作のなかでパワーを発揮するための「体の使われ方」を意味しています。

実際は「フォース」が他の3要素の土台となる部分になりますが、これらの4つの要素のすべてが重要で、優先順位をつけることはできません。最初にこれらの重要性を正しく理解しておくことが、フォーム修得に大きく役立ちます。

ピッチングの土台となるのは「自分の体重」

一般的にフォースは「力」を意味しますが、ここでは「質量」として考えます。

人間は、ただ立っているだけでも地面から反力を受けています。反力に関しては、メカニクス（62ページ参照）でも触れますが、反力の大きさは自分の体重と同じで、つねに自分の体重と同じ力で地面から押されています。

ピッチング動作は静止したところからリリースに向けて最大のパワーを発揮する運動であるため、すべての動作の基本となるのが「反力」といえます。つまり、「自分の体重」がパワーの原点となるのです。

フォースの観点だけで考えると、力を生み出せれば、筋肉ではなく脂肪でもよいということになります。

しかし、その後の動作で体を速く動かすこと（メカニクス）を考えると、筋肉の伸縮能力で大きな力を生み出すことができるので、筋肉で体重を増やすことが望ましいでしょう。

つまり、トレーニングで筋量を増やすことでフォースは大きくなります。それと同時に、筋力を高めて、自分が操れる重さ（体重）を増やしていくことでより大きな反力を得られるようになります。

しかし、単に体重を増やしたからといって球速が上がるわけではありません。フォースを生かすためのフォーム（メカニクス）を身につける、速度（ベロシティ）を高める、それらを可能にするための体の使い方（モビリティ）を身につけることで、今までより速い球を投げられるようになります。

つまり、すべての土台となっているのが「フォース」の部分なのです。トレーニングを通じて、フォースを高めることが、最大球速を出すことにも直結します。

Force Velocity Mechanics Mobility

静止したところから最大限のスピードに一気に加速するのがピッチング動作

静止状態で存在するのは「重力」と重力から得られる「反力」のみ。この力を一気に増大させ、ボールに伝えるのがピッチング。そのため、力の原点は自分の体重と言えます。

重力で地面を押すのと同じ力で、つねに地面から力を受けている

ピッチング動作の初動は地面から受ける反力

Velocity

腕の「助走距離」を長くとり全身の筋肉で動作を加速

左足が着地したときに、下半身は前を向き、上半身は残ったトップの姿勢が取れていると「腕の助走距離」が長くなる

ピッチング動作は自重から得る地面の反力で開始しますが、そこから「全身の筋力」を使って動作を加速します。しかし、純粋に筋肉の収縮だけでは限界があります。そこで利用するのが反動です。

筋肉には、速く伸ばされたら、速く縮もうとする性質があります。これをピッチングフォームのなかで作ればよいのです。

どこかで一瞬踏ん張るのではなく、反動を使うための体の使い方を身につけていくことが大切です。

速度を出すためにもう一つ大切なのが「助走の距離」です。ピッチング動作はその場で行うため、ここで言う助走とは、「腕の移動距離」です。

上げた足が着地したときに腕が後ろにあることで助走の距離が長くなります。リリースに向けて、振り出される腕の距離が長ければ長いほど速度は高まります。

リリースに向けて全身を使ってスムーズに加速する

NG ひじが肩より前に出る

助走距離が短いため腕を長く使えない。また回転の半径が前腕の長さだけになるため遠心力が小さく、肩にかかる負荷が大きくなる

NG 並進と同時に上体が回る

一見、助走距離が長く見えても、体幹の捩れから生まれる反動が得られなくなる

Mechanics

反力を増大させリリースでピークにする体の使い方

　最初に地面から得た力を、リリースまでにどれだけ大きくできるかは、それまでの体の使い方で決まります。これをピッチングの「メカニクス」として考えていきましょう。

　一言でメカニクスと言っても、フォース（力）を出すためのメカニクス、ベロシティ（速度）を上げるためのメカニクス、自然の摂理に逆らわないためのメカニクス……。さまざまな視点から考えることが可能だと思われる方も多いことでしょう。

　しかし、そのどれもが行き着くところは同じなのです。重力や遠心力、体の構造などの自然の摂理に逆らわずに体を動かすことで、最初に得たフォースを生かし、どこかで瞬間的に力を入れる必要がなくなり、特定部位に大きな負荷をかけることなく、ベロシティを高めることができます。

　そのためには、いかに体を大きく長く使うかがポイントになります。

時代で変わる「バッティングのトレンド」とピッチングの相関関係

最近、多くのスラッガーに見られるようになったのが、ヘッドが下から出るスイング。これは、低めのボールでゴロを打ち取るピッチャーに対応するためのトレンドと言えます。上から投げ下ろされるボールに対応しやすいため、これに対応するために、「低いリリースで伸びるボール」や「高めのボールの使い方」が最近のピッチャーのトレンドになってきています。

現在のトレンド

かつてのトレンド

「シャープなスイング」、「叩きつけるようなスイング」などと呼ばれたかつてのトレンド。ほぼスイング面上にヘッドが移動するため、上から投げ下ろされるボールにタイミングを合わせにくい

さらに、「打者の打ちづらいボール」という観点からもメカニクスを考えることができます。

単に球速を出そうとするなら、重心を高く保ったまま上から腕を振り下ろせば、重力を味方につけて速いボールが投げられそうなものです。しかし、バッターの手もとで打ちづらい球を考えると、それだけとは言えません。

しかし、時代のトレンドで投げ方が変わるのも事実です。

プロを見ていると、最近はヘッドが下から出るバッティングフォームがトレンドになっています。低めのボールに対応するための変化と考えられます。ヘッドが下から出てくるため、上から投げ下ろされるボールに対して、それほど打ちづらさは感じないことでしょう。むしろ、低いリリースから手もとで伸びるボールの方が打ちにくいはずです。

「フォース」と「ベロシティ」を出すためのメカニクス

「並進」
地面から受ける力を最大限にするため、大きな幅で踏み出すスピードを速くする
「捻転」
並進で足を着地させると下半身が前を向き始めるため、体幹部が捻転される

フォースとベロシティを生み出す要素は「地面の力」です。自重から得る反力や、並進するときに地面を押すときの反動はすべて地面から受ける力です。

地面の力は偉大です。その証拠に、ボールを空中で投げようとしても、強く投げられません。ジャンピングスローなどである程度は投げられますが、地面に足を着いていた方が絶対的に速いボールを投げることができるはずです。

それは地面に足を着いていることで、地面から大きな反力を得られるからです。その地面の力をロスせずにボールに伝えるための体の使い方が、ピッチングの「メカニクス」になります。

腕の助走距離（60ページ参照）を長くして加速するために大切なのが並進の幅とスピードです。

止まった速度「0」の状態から、

「前傾」

体幹が捻転を開始したら、投球方向に上体が前傾しながら腕が振り出される

地面の力を生かせないエラー

NG 着地時の重心が前過ぎる

着地したときの重心の位置が前にいき過ぎてしまうと空中で投げているのと同じことになってしまう

NG 体が伸び上がる

地面から得た力の向きが上方向だとトップに向かうときに体が伸び上がってしまう

並進動作で前に加速し、それに腕の振りを連動させて遠心力を得ることで加速します。さらに、速度を最大にするために大切なのが、体幹の「捻転」や「前傾」のスピードとタイミングです。

そして、動作の最後に大切になるのが「リリース」です。ピッチング動作から得た運動エネルギーを、ロスなくボールに伝えることで最大の球速を得ることができるのです。どれだけ大きな力を生み出しても、最後にボールの下や横をなでてしまうとボールに伝わる力が小さくなってしまいます。

つまり、リリースでボールの中心に最大の力を加えるための体の使い方を逆算したものが「ピッチングメカニクス」です。この動作は、頭で考えながらできるものではありません。トレーニングを通じて、球速を出すフォームを身につけましょう。

Mechanics

自然の摂理に逆らわないためのメカニクス

物理的な観点で球速を追求したときにキーワードとなるのが「自然の摂理」です。その土台となるのが「重力」です。そして、動作を開始してからは、「慣性力」と「遠心力」の要素も関係してきます。

地面から受ける力、つまり「地球の力」を考えたときに「重力」という要素は必要不可欠になります。地面を押す力には、かならず重力（重力加速度）が加わります。つまり、「重力に逆らわない」ことが大切です。

たとえば、地面を下方向に蹴れば、そこから得られる反力は上方向になり、重力に逆らった動作になるということです。また、上に蹴ったぶんだけ並進の幅は小さくなります。その結果、ボールに伝わる力も小さくなり、速度も出しにくくなってしまうのです。

次に「慣性力」です。ピッチング動作は、「静→動」をくり返します。

「重力」に逆らわず位置エネルギーを運動エネルギーに変える

重力に逆らわずに体を使うことで、高さの持つエネルギー（位置エネルギー）が運動エネルギーに変換されるため、並進動作で地面を蹴る力と相まって、動作がさらに加速されます。

セットポジションの静止状態から並進動作で加速が起きて、着地脚のブロッキングによって慣性力で上体が前傾することでボールを強くリリースします。このブロッキングが弱くなってしまうと、ボールに伝わる力も弱くなってしまいます。

「遠心力」は回転の半径の長さに比例します。体幹の捻転を使って腕を振り出せていれば、腕だけで投げている人よりも回転の半径は長くなります。たとえば、トップのひじの位置が体より前に出ていれば、回転運動の半径は前腕の長さだけになってしまうのです。

そのベースとなる人間の「体の構造」や「筋肉の特性」も自然の摂理に含まれます。体の柔軟性や可動域は個人差が大きく、4番目の要素「モビリティ（68ページ参照）」で触れていきます。

体に無理なく球速を高めるための「モビリティ」

腕の助走距離（P.60参照）を長くして「慣性力」を得る

ひじが前に出る

胸や肩前面のモビリティが低いとひじを支点とした小さな半径の動きになる

下半身と一緒に上体が回る

下半身と同時に上体も回ってしまうと、体幹部の捻転力を生かせない

球速を高めるために大切なのが自然の力に逆らわないことです。自分の体重から得たフォース（重力）を土台に動作を開始し、そこから「慣性力」や「遠心力」などに逆らわない動きを身につけることが大切です。

「慣性力」とは、セットポジションの静止状態からの並進動作、着地脚で地面をロックすることで上体が前傾し、腕が振り出される、という加速に伴う力を意味します。

また、「遠心力」は回転の半径の長さに比例します。体幹の捻転で腕を振り出せれば、腕だけで投げている人よりも半径が長くなります。さらに、トップでひじが体より前に出ていれば、回転運動の半径は前腕の長さだけになってしまうのです。

体の柔軟性や可動域には個人差がありますが、正しい体の使い方を身につけることが球速につながります。「モビリティ」と聞くと、よく柔

腕の回転半径を長くして大きな「遠心力」を得る

モビリティの悪さから起こるエラー

モビリティが低いと、無意識のうちにそれを補うためにさまざまな代償動作が起こり、肩やひじにかかる負荷が大きくなる

軟性をイメージする人も多いことでしょう。しかし、実際の投球動作のなかでの柔軟性と静止時の可動域の広さはまったく異なります。

腕の助走距離の長さは、人によって変わります。無理して助走距離を長くしようとすれば、体にかかる負荷が大きくなります。自分の体に合わないフォームで最大のパワーを発揮しようとすれば、かならず体をかばう代償動作が生まれ、思ったほど力は発揮されなくなってしまいます。つまり、「体に無理のない動作＝球速を高めること」と言えます。

ピッチングは非日常的な動作で、人間の体の構造上、そもそもが体に悪い動作なのです。だからこそ、できるだけ体に負担がかからない動作で体のどこかの部位に負荷が集中しないように、より全身を使った動作を身につけておくことが大切なのです。

「指先のケア」は非常に大切

ピッチャーであれば、肩やひじと同様に指先をケアしておくことが大切。
パフォーマンスアップだけでなく、ケガやスランプの予防にも役立つ。

選手にとって体のケアは非常に大切です。ピッチャーの場合、とくに念入りに日ごろからケアする習慣をつけておくことが不可欠です。

練習や試合の前のウォーミングアップ、投球後のクーリングダウンも重要です。その方法は人それぞれで、何をすればよいかにも諸説ありますが、筋肉を酷使した後に疲労物質や違和感を残さないことが大切です。

もう一つ、ピッチャーであれば、忘れてはならないのが「指先のケア」です。誰もが小まめに爪を切っているとは思いますが、「保湿」に関してはどうでしょうか？

指先の乾燥は「ボールの指のかかり」に大きく影響します。指のかかりは、ボールやもみ砂の違い、気温や湿度の影響を受けます。

試合球は試合前に表面のワックスや光沢を落とすため審判員によって一つひとつ「もみ砂」を使って手もみされる

よく「メジャーのボールは滑りやすい」と耳にしますが、実際にNPBボールなどの国内使用球と比べてMLBボールは摩擦係数が低く、もみ砂の粒も小さいため滑りやすいようです。しかし、それは相手チームのピッチャーにとっても同じです。

指先の乾燥に関しては、個人個人の努力で状態をコントロールできるものです。指が滑ることで、コントロールが定まらないだけでなく、マメやフォームの乱れから起こる傷害などにつながるケースもありますので、日ごろから「指先の保湿」に関しては神経質になっておく必要があります。

Part 3

ストレートに近い球速の変化球

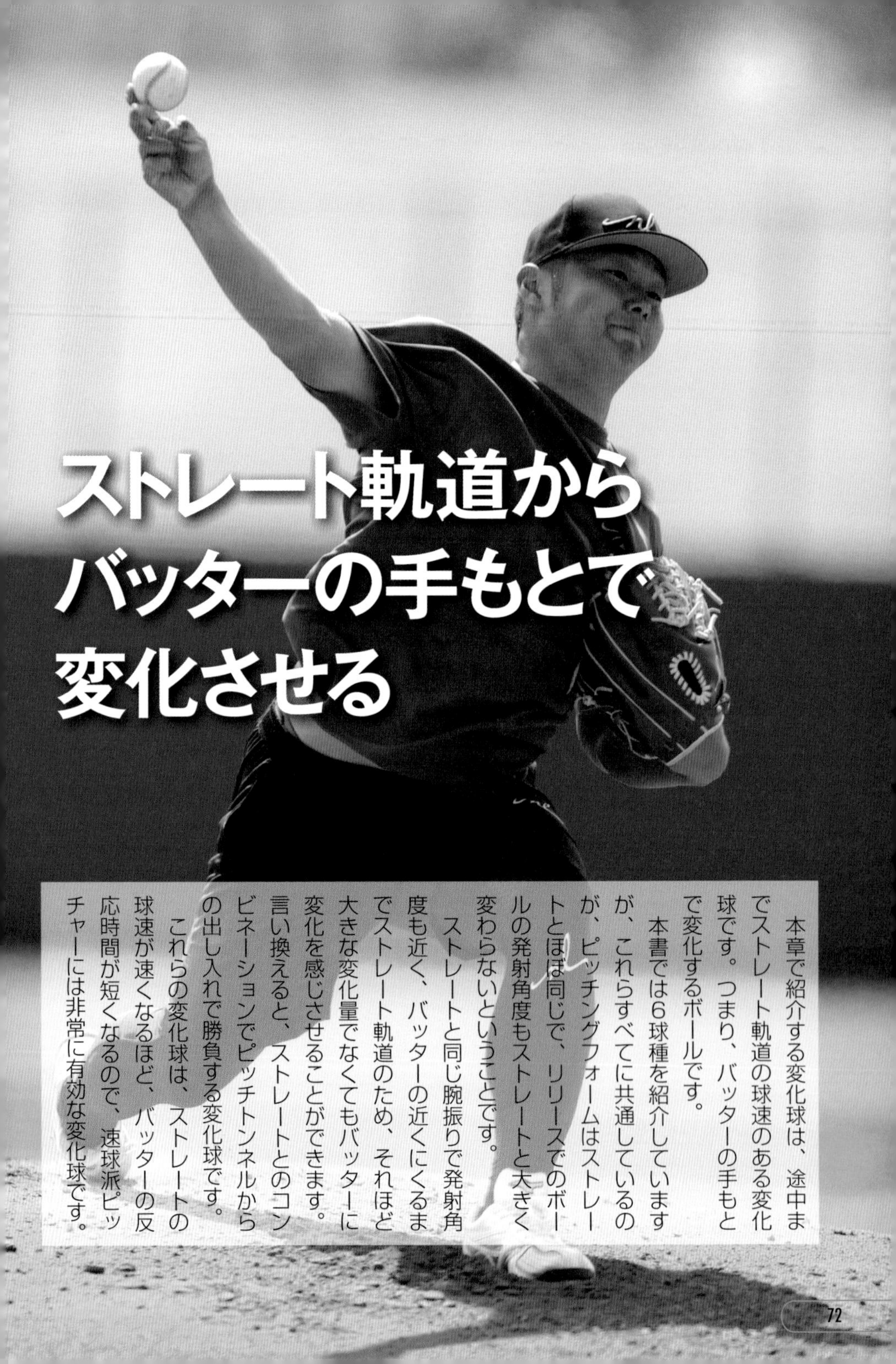

ストレート軌道からバッターの手もとで変化させる

本章で紹介する変化球は、途中までストレート軌道の球速のある変化球です。つまり、バッターの手もとで変化するボールです。

本書では6球種を紹介していますが、これらすべてに共通しているのが、ピッチングフォームはストレートとほぼ同じで、リリースでのボールの発射角度もストレートと大きく変わらないということです。

ストレートと同じ腕振りで発射角度も近く、バッターの近くにくるまでストレート軌道のため、それほど大きな変化量でなくてもバッターに変化を感じさせることができます。言い換えると、ストレートとのコンビネーションでピッチトンネルからの出し入れで勝負する変化球です。

これらの変化球は、ストレートの球速が速くなるほど、バッターの反応時間が短くなるので、速球派ピッチャーには非常に有効な変化球です。

本章で紹介する変化球のピッチャーから見た変化

※著者・内田聖人（右・スリークオータースロー）の場合

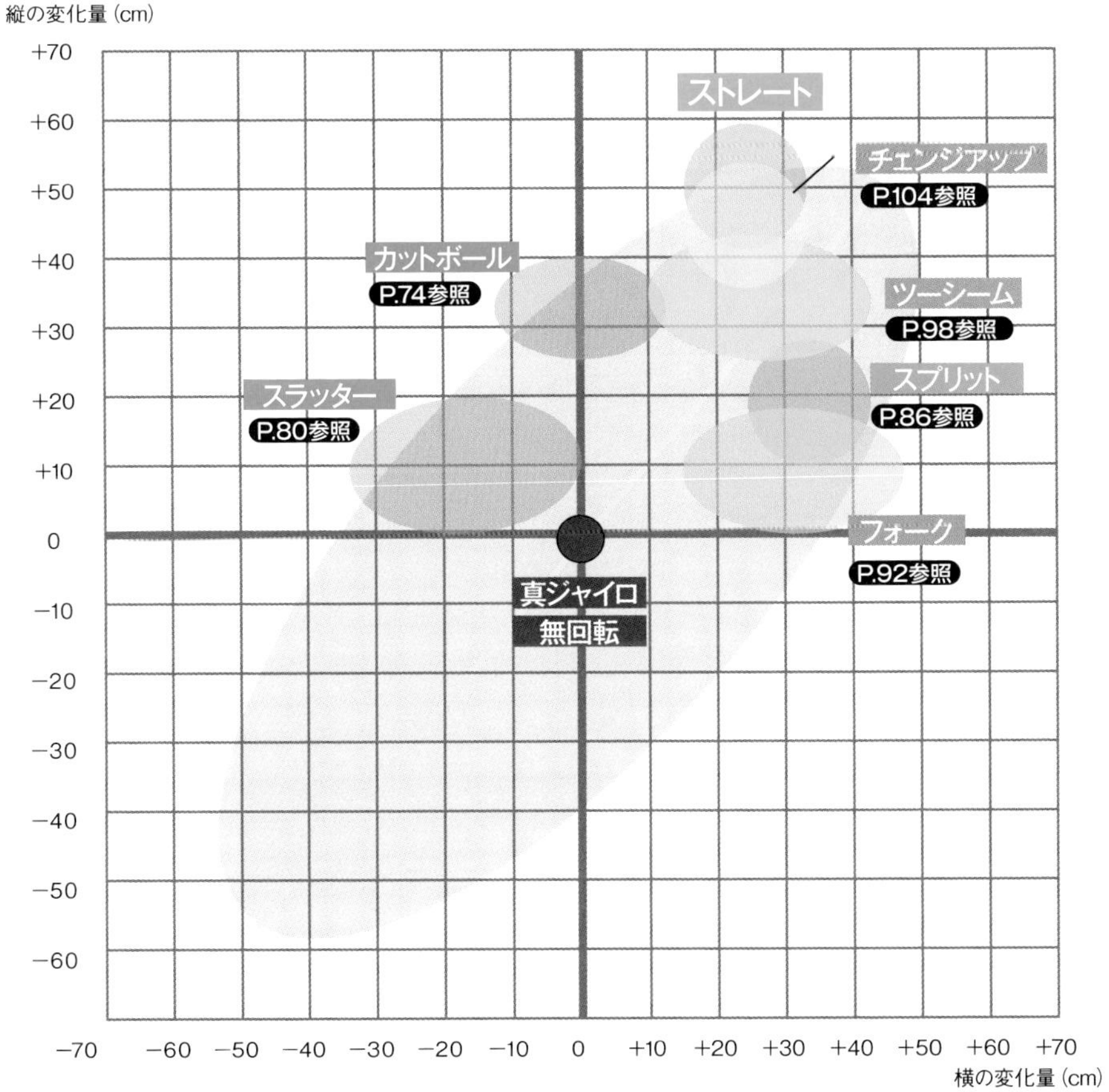

本章で紹介する各変化球の回転効率

USE STRAIGHT ORBIT 01	カットボール	50～80%	USE STRAIGHT ORBIT 04	フォークボール	65～85%
USE GYRO COMPONENT 02	スラッター	0～40%	USE STRAIGHT ORBIT 05	ツーシーム	60～100%
USE STRAIGHT ORBIT 03	スプリット	80～95%	USE STRAIGHT ORBIT 06	チェンジアップ	80～100%

USE STRAIGHT ORBIT 01

バッターの手もとで変化する小さいスライダー

速いストレートと併せて使いたいカットボール

カットボールはストレート軌道からバッターの手もとで鋭く横にスライド変化するボールです。「高速スライダー」、「真っスラ」、「カッター」などとも呼ばれ、現代の主流となっている変化球です。

カットボールは、球速、フォーム、発射角度やリリースポイントがストレートとほぼ変わらないため、ストレートの球速があるピッチャーにとって非常に有効な変化球です。

しかし、ストレート軌道からの変化で変化量も小さく、バッターを打ち取るというよりは芯を外すことを目的としたボールなので、甘いコースに入ってしまうと長打を打たれる危険もあります。

ストレートの握りから人差し指と中指を少しズラした握りで、ピッチングフォームはストレートとほぼ同じです。ストレートの回転軸を自分に向けて右斜め上に少し傾けるイメージでリリースするといいでしょう。回転軸が自分に向き過ぎると、球速が落ちて変化量の大きい「スラッター(80ページ参照)」になってしまうので、球速が落ちるようならリリースを少しストレートに近づけるといいでしょう。

また、リリースのときに手首が小指側に寝てしまう(尺屈)とボールにシュート回転が入ってしまいます。手首を立たせたリリースをすることで、回転効率を高く保つことができ、変化量を維持できます。

ストレートの回転軸を少し右に傾けてジャイロ成分を加える

ピッチャー側から見たボールの回転

※右ピッチャー（スリークオータースロー）の例

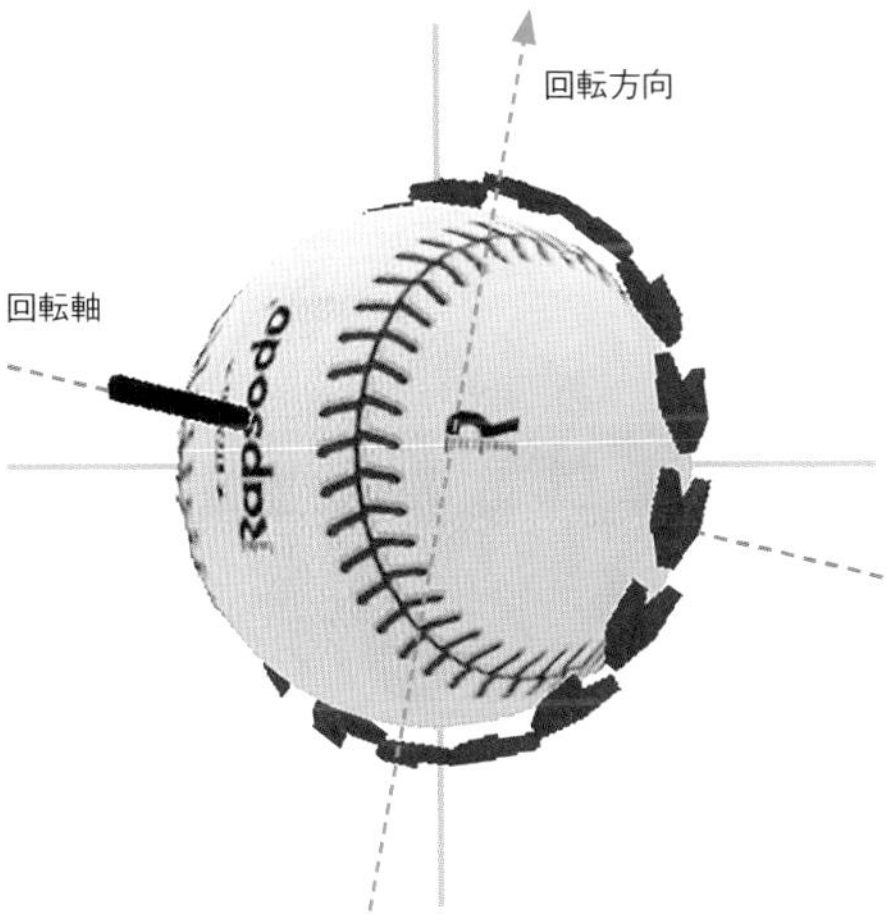

※ピッチングフォームによって軸の角度は異なる（17ページ参照）
※左ピッチャー（スリークオータースロー）の場合は左右対称になる

目安となる数値

項目	数値
球速	ストレート ±0 ～ −15 km/h
回転方向	00:00 ～ 00:30
回転効率	50 ～ 80 %
スピン量	ストレート +100 ～ 200 RPM

変化量

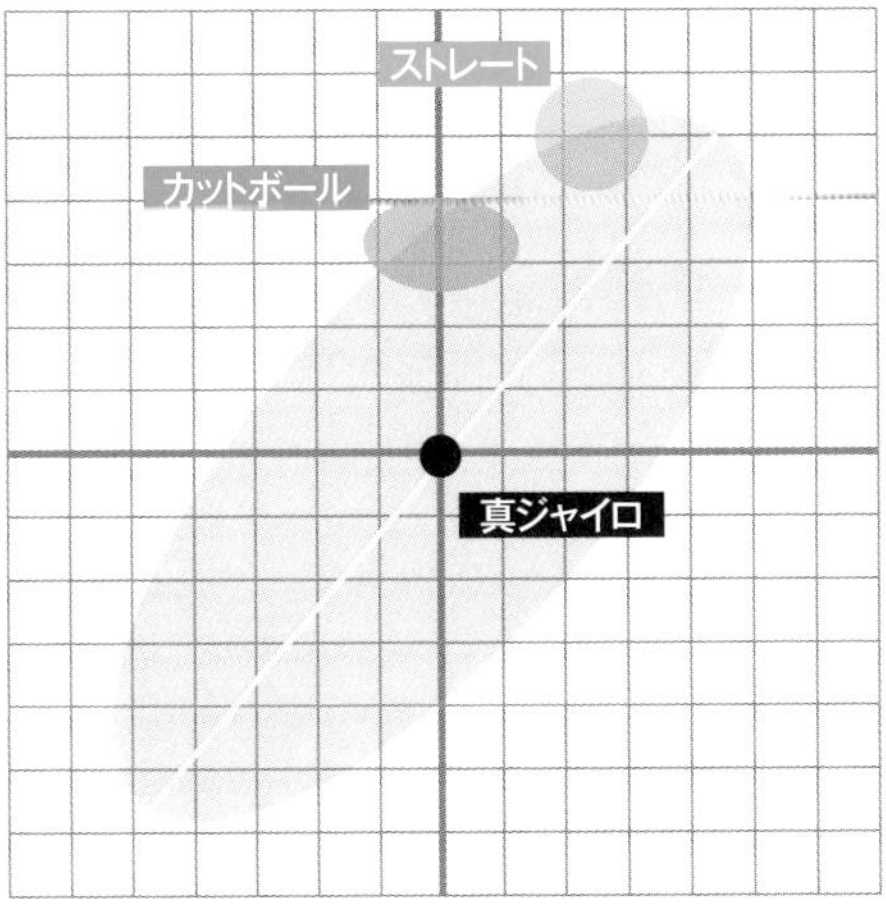

ストレートの回転方向

ストレートでは、カットボールよりもバックスピン要素が強く、ジャイロ成分が小さくなります。

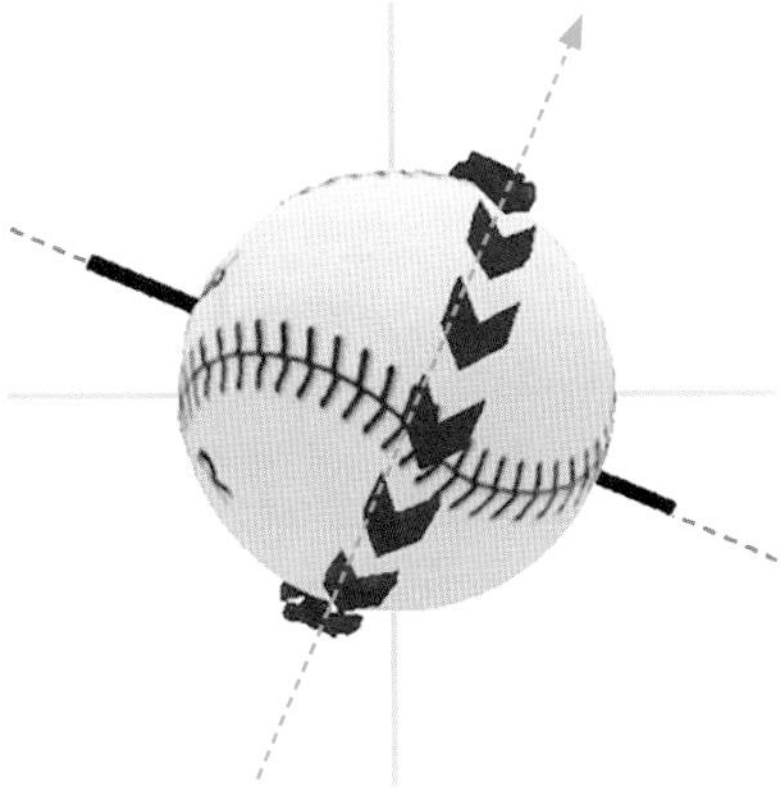

カットボールの握り方

ストレートの握り

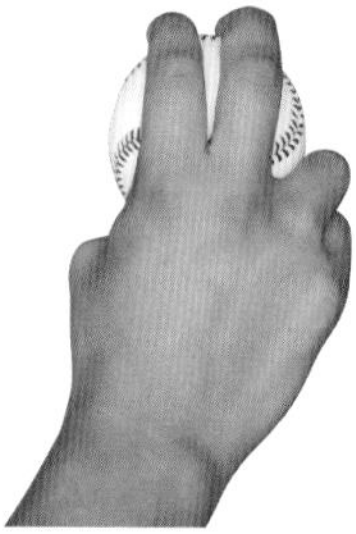

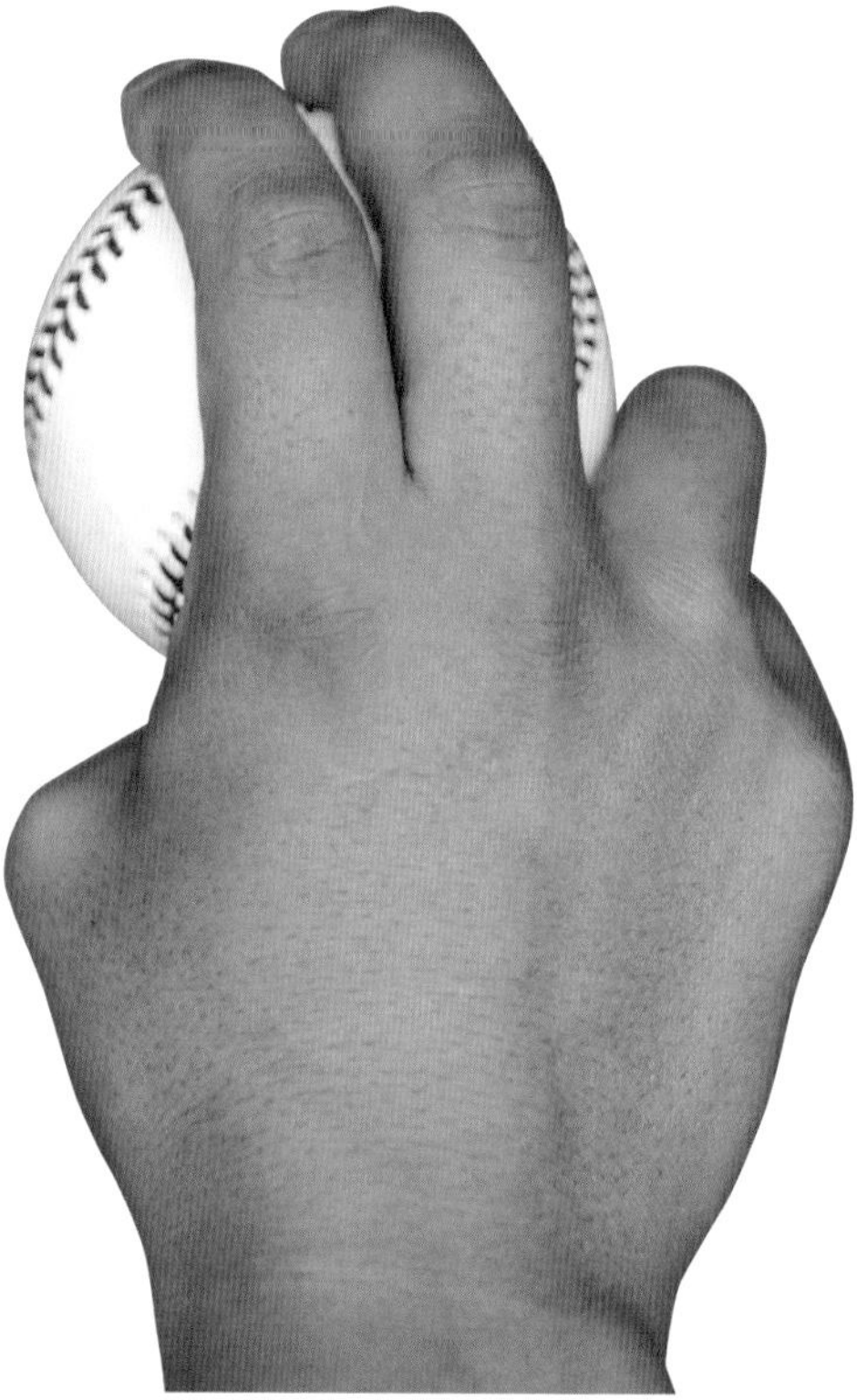

ストレート（4シーム）の回転軸を少し自分に向けて握るのがカットボール

ストレートからズラした握りになるが、ボールの中心をとらえて握ることが大切

NG 横に抜ける

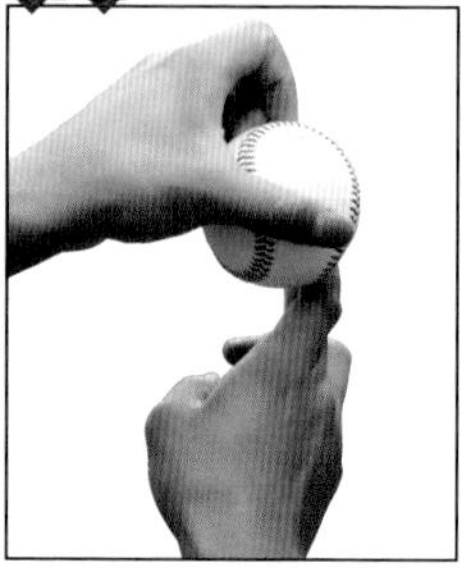

中心を握る意識が薄いとリリースで横に抜けて力が逃げてしまう

カットボールの変化の軌道イメージ

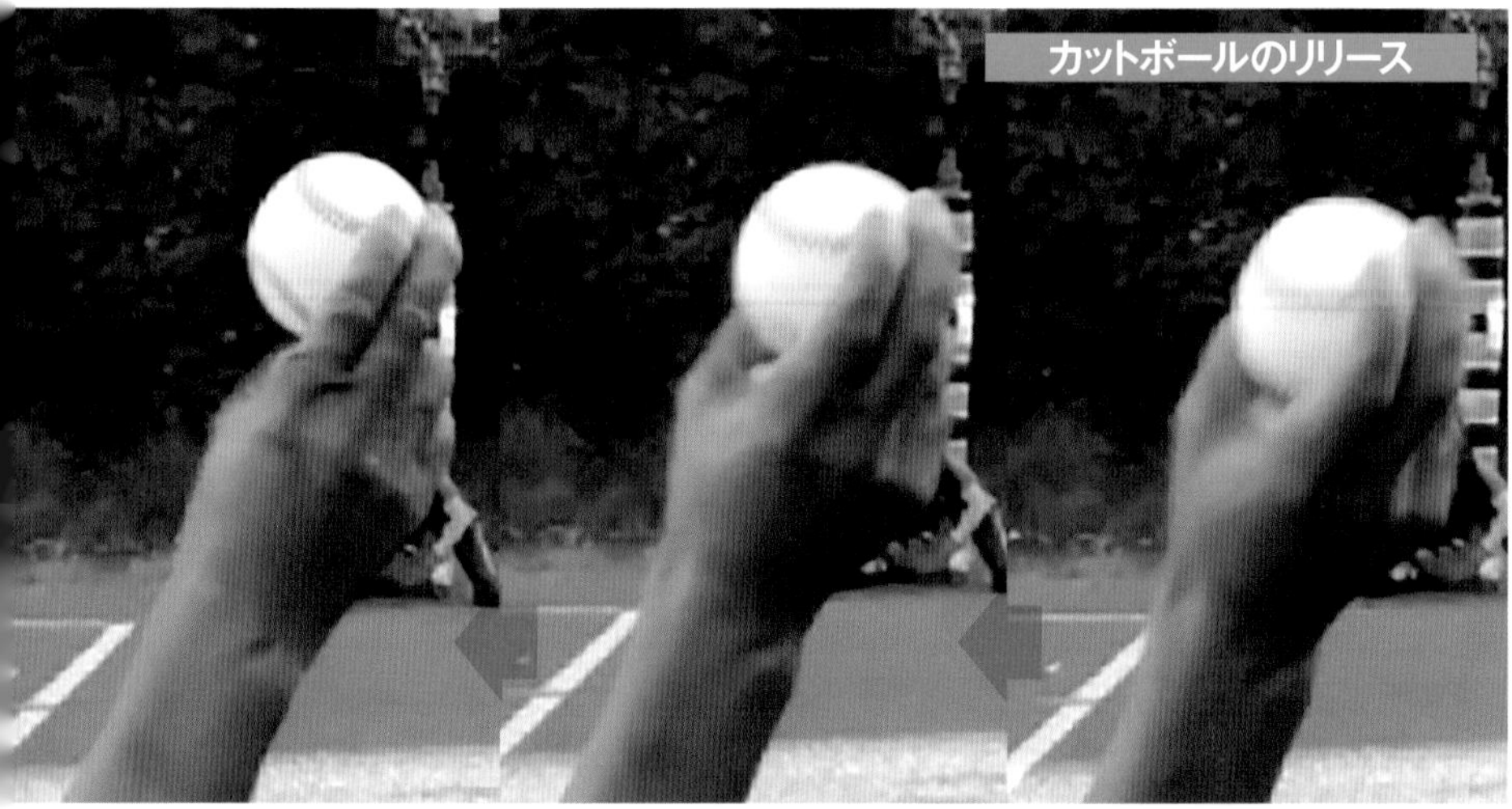

ストレートから指を少しズラしたぶん 回転軸を自分に向けるイメージでリリースする

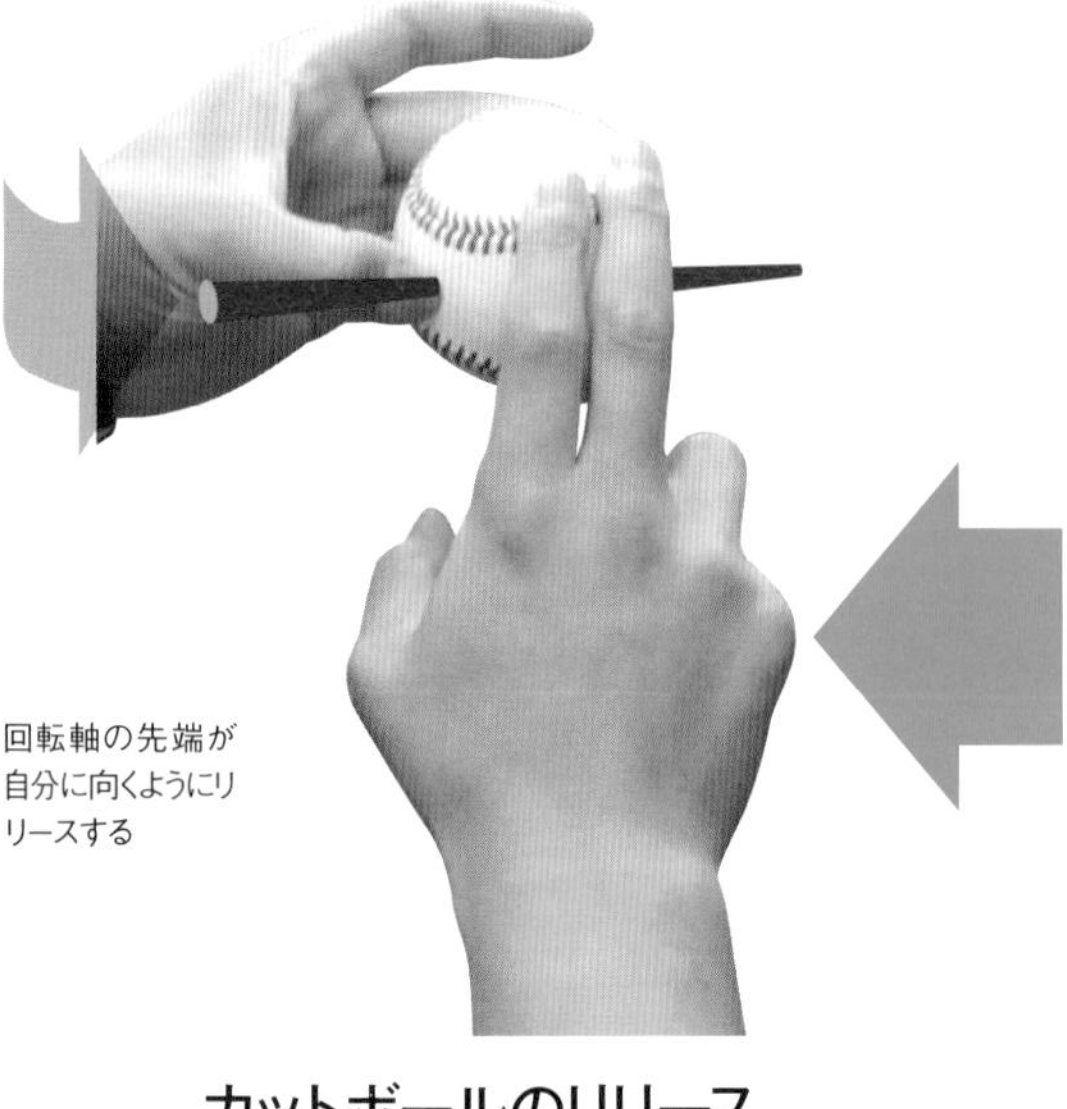

回転軸の先端が自分に向くようにリリースする

カットボールのリリース

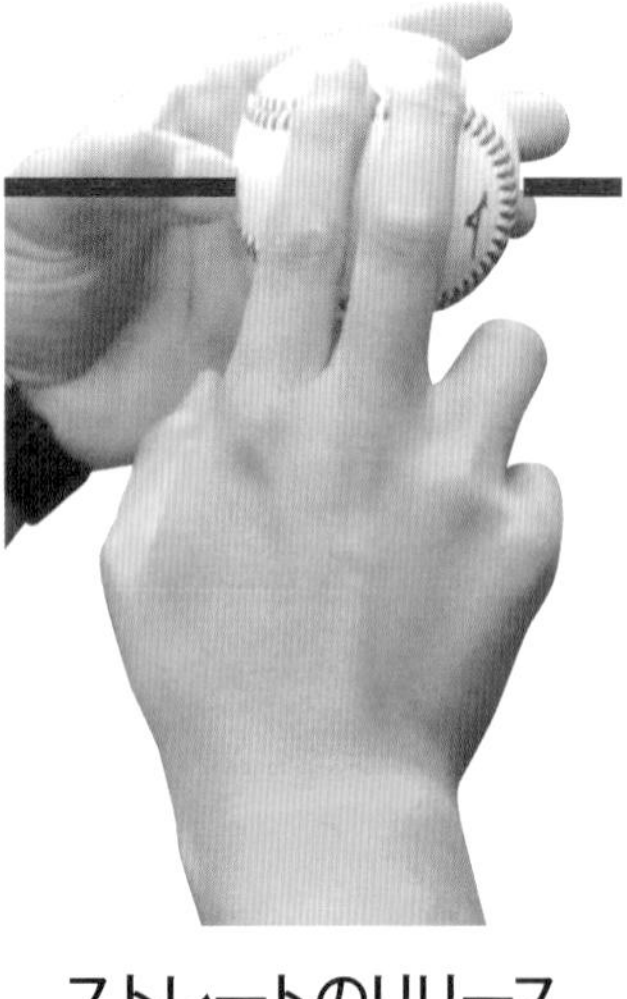

ストレートのリリース

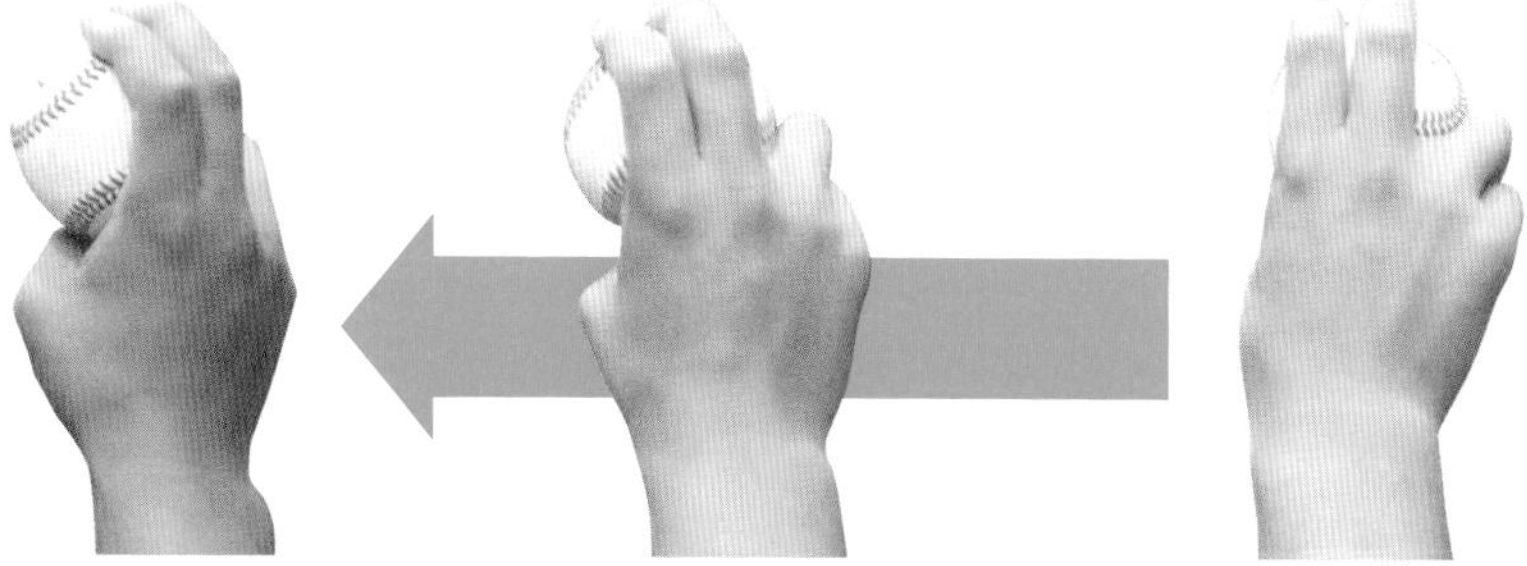

スラッター
(P.84参照)

カットボール

ストレート

ストレートの握りを少しズラしたものがカットボール。そこから回転軸を自分に向けたものがスラッター。回転軸の向きの違いでボールがどのように回転して、どのように変化するかをイメージできるようにしておこう

NG 手首が横に寝たリリース

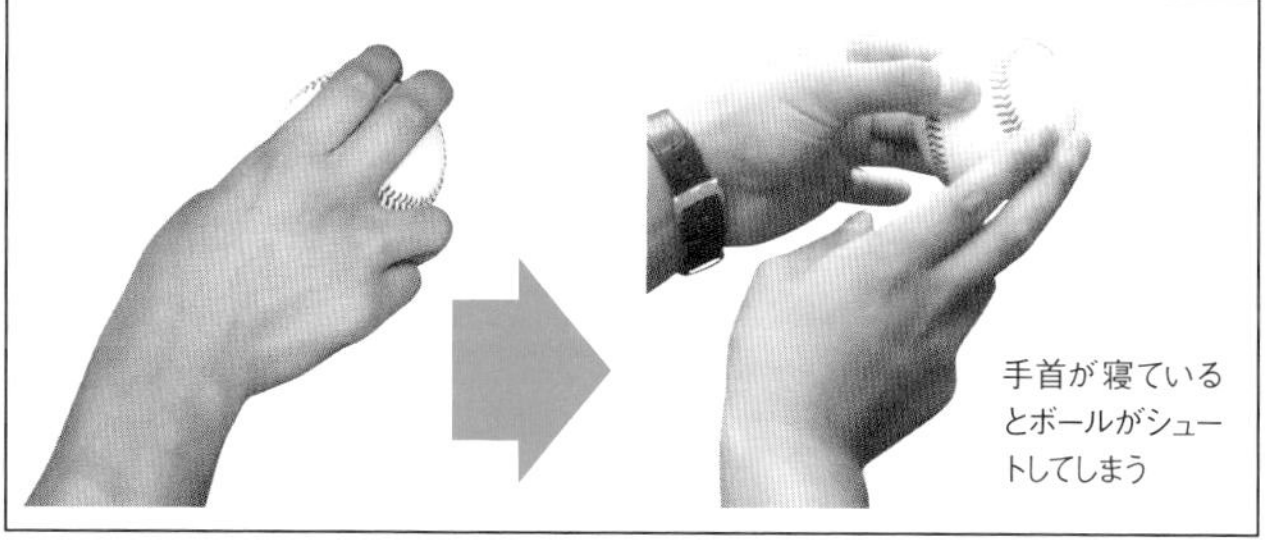

手首が寝ているとボールがシュートしてしまう

USE STRAIGHT ORBIT 02

横の変化はカットボール、縦の変化はスライダー

スピードとキレを生かした令和の変化球「スラッター」

カットボールの変化を大きくして、斜めに落ちる軌道のボールが「スラッター」です。前述のカットボールより少し球速を落として、そのぶん変化量を大きくした変化球です。通常、私はこれを「カットボール」として使用しています。

スラッターの特徴は、ジャイロ回転成分が大きいため、ストレート軌道からカットボールのように鋭く曲がり、スライダーのように曲がることです。イメージとしては、横の変化量はカットボール、縦の変化量はスライダーと言えます。

また、ストレートと似たようなリリースや発射角度で投げられ、軌道やスピードもストレートに近づけやすいので、バッターもギリギリまで判別がつけられません。

カットボールと同様、ストレート感覚で投げられるボールなので、ひじや手首をひねる必要がなく、投げやすいのもスラッターの特徴です。

カットボールと同じ握りで、カットボールの回転軸をさらに自分に向けるイメージでリリースしましょう。右ピッチャーであれば、ボールの右半球をボールの重心に向けてしっかり握り、手首をしっかり立てたままリリースすることが大切です。リリースのときに手首が負けて横に寝てしまうと回転軸が下向きになってシュート回転がかかってしまうので注意しましょう。

カットボールの回転軸から先端をさらに自分に向けて回転効率を高くする

ピッチャー側から見たボールの回転

※右ピッチャー（スリークオータースロー）の例

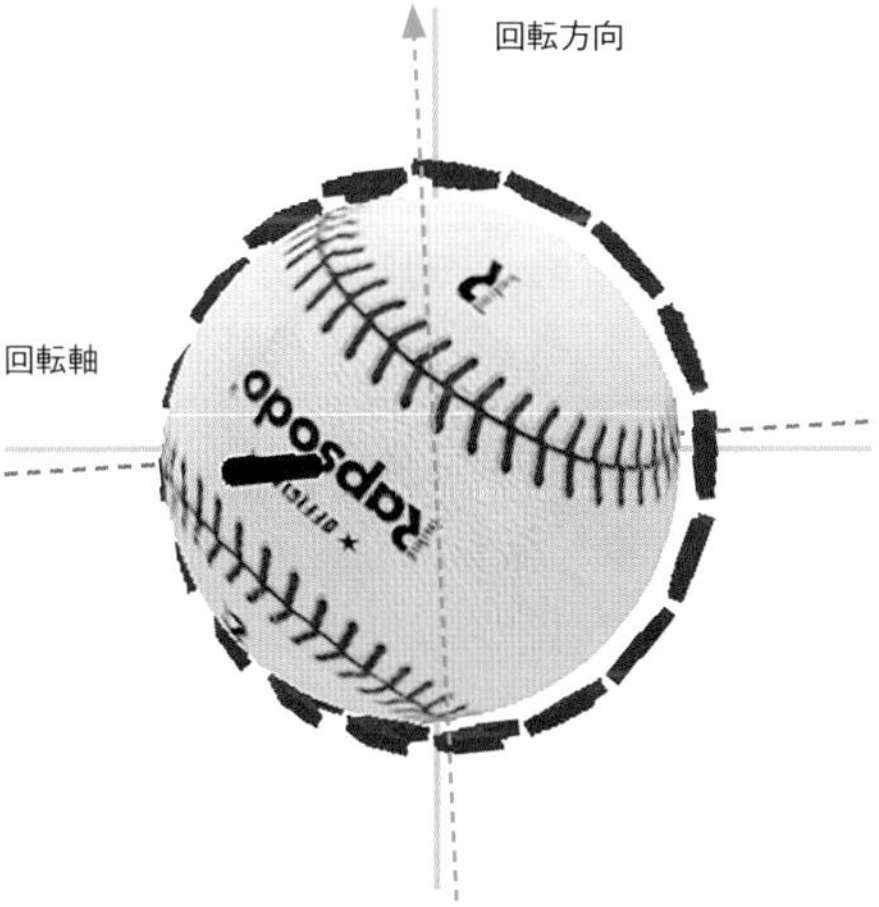

※ピッチングフォームによって軸の角度は異なる（17ページ参照）
※左ピッチャー（スリークオータースロー）の場合は左右対称になる

目安となる数値

球速
ストレート －10～15 km/h

回転方向
11:00 ～ 00:00

回転効率
0 ～ 40 %

スピン量
ストレート ＋100 ～ 300 RPM

変化量

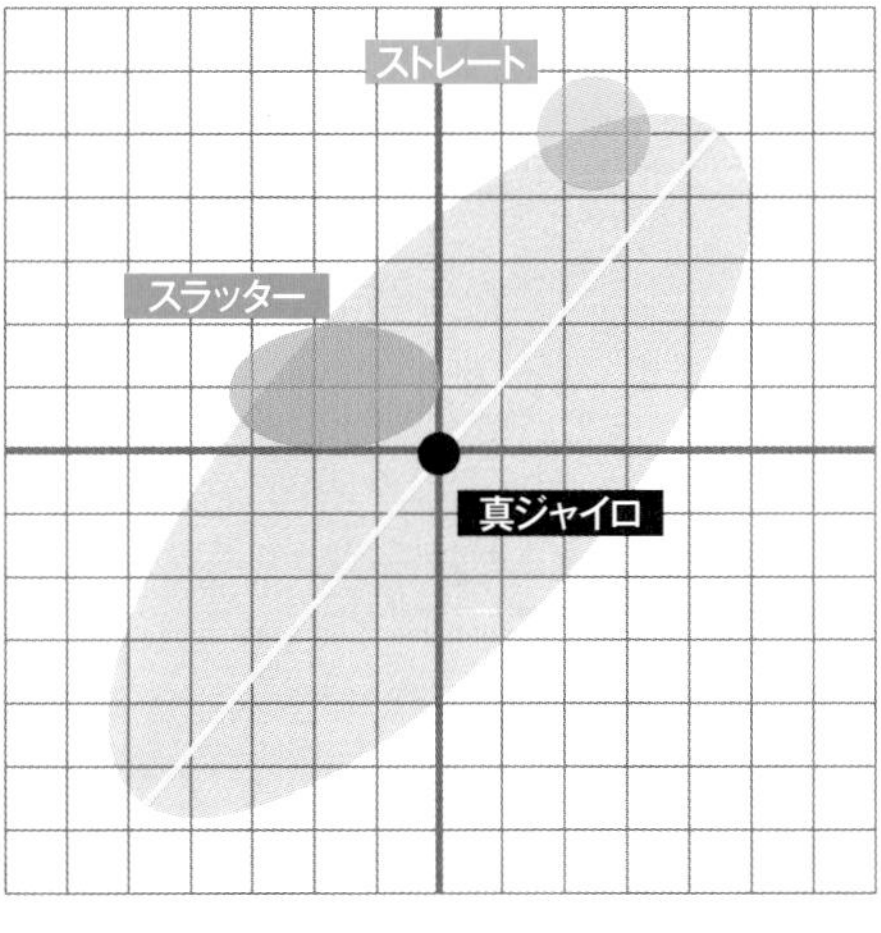

カットボールの回転方向

スラッターは、カットボールよりもジャイロ成分が大きく、回転方向が逆になります。

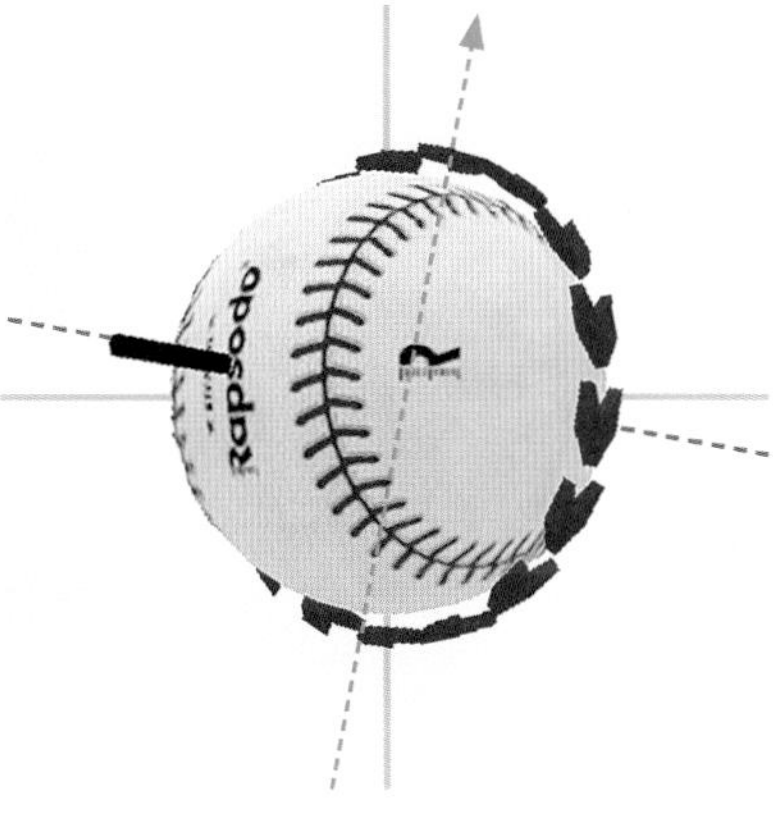

スラッターの握り方

カットボールの握り

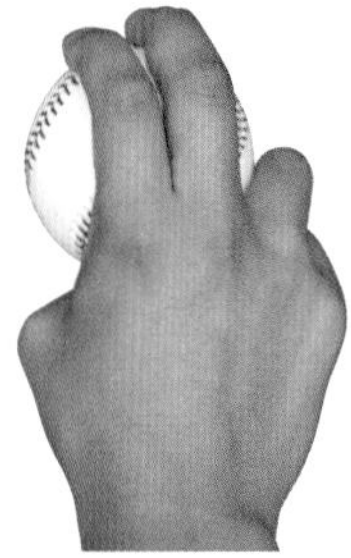

カットボールの回転軸をさらに自分に向けるように握るのがスラッター

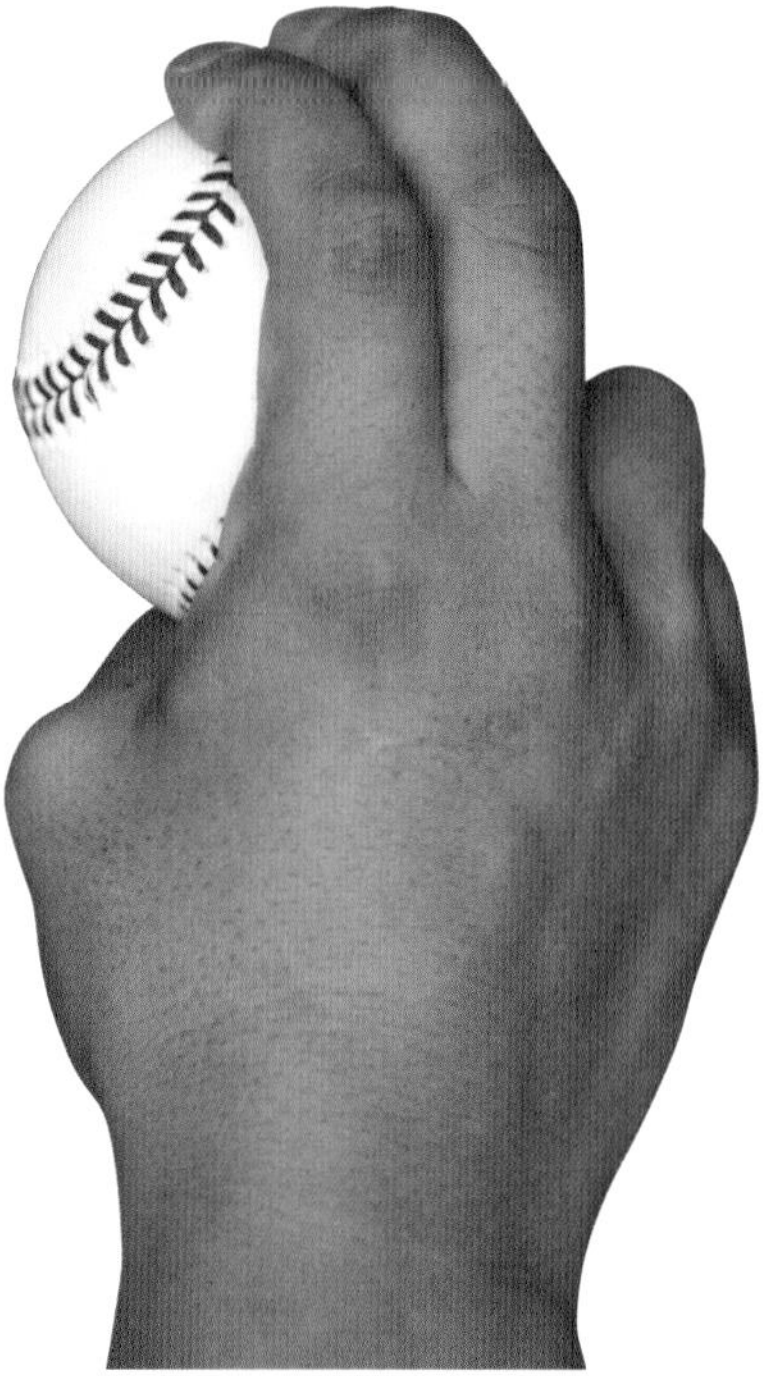

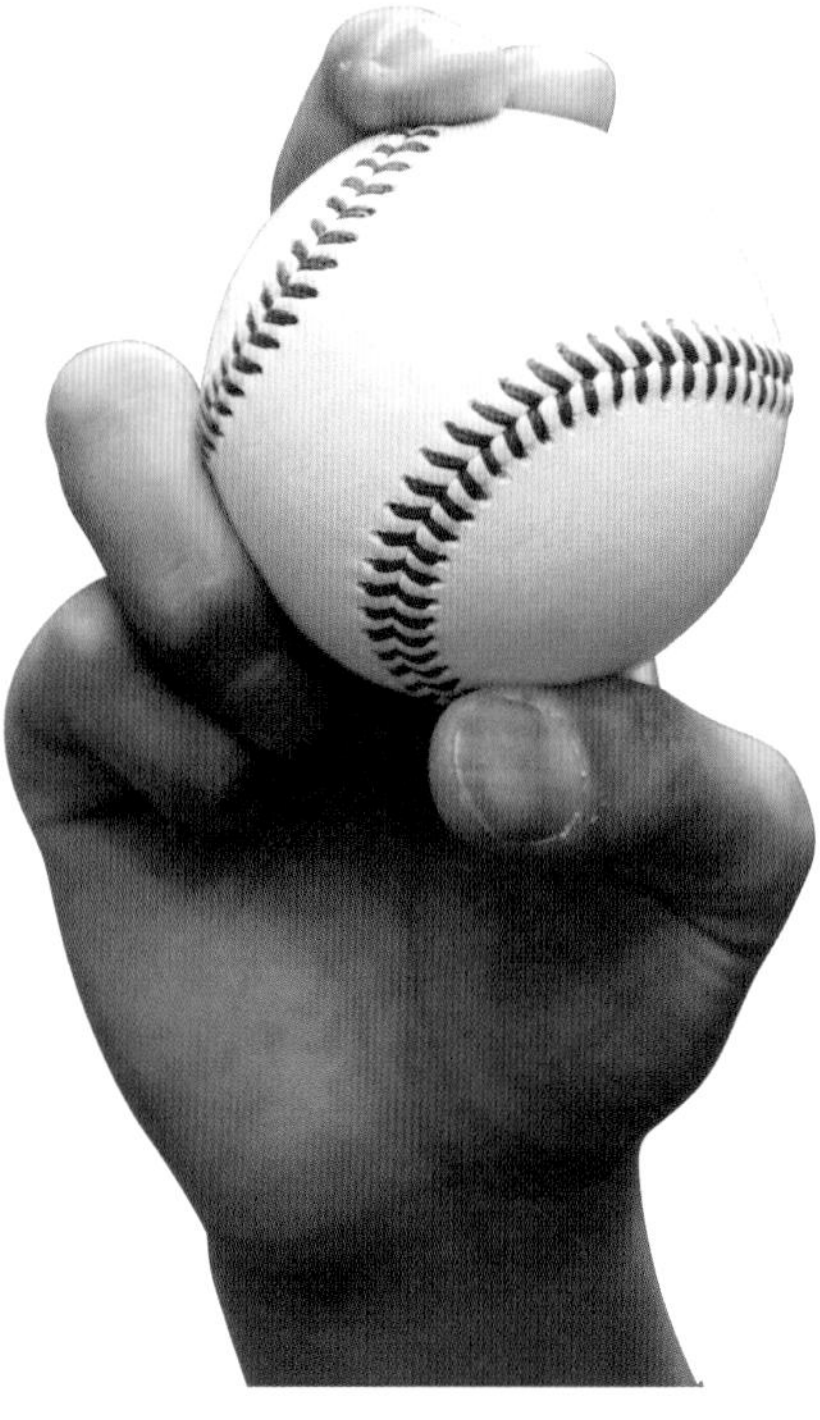

握りの基本は4シーム。人差し指と中指をしっかりシームにかけて握る

スラッターの変化の軌道イメージ

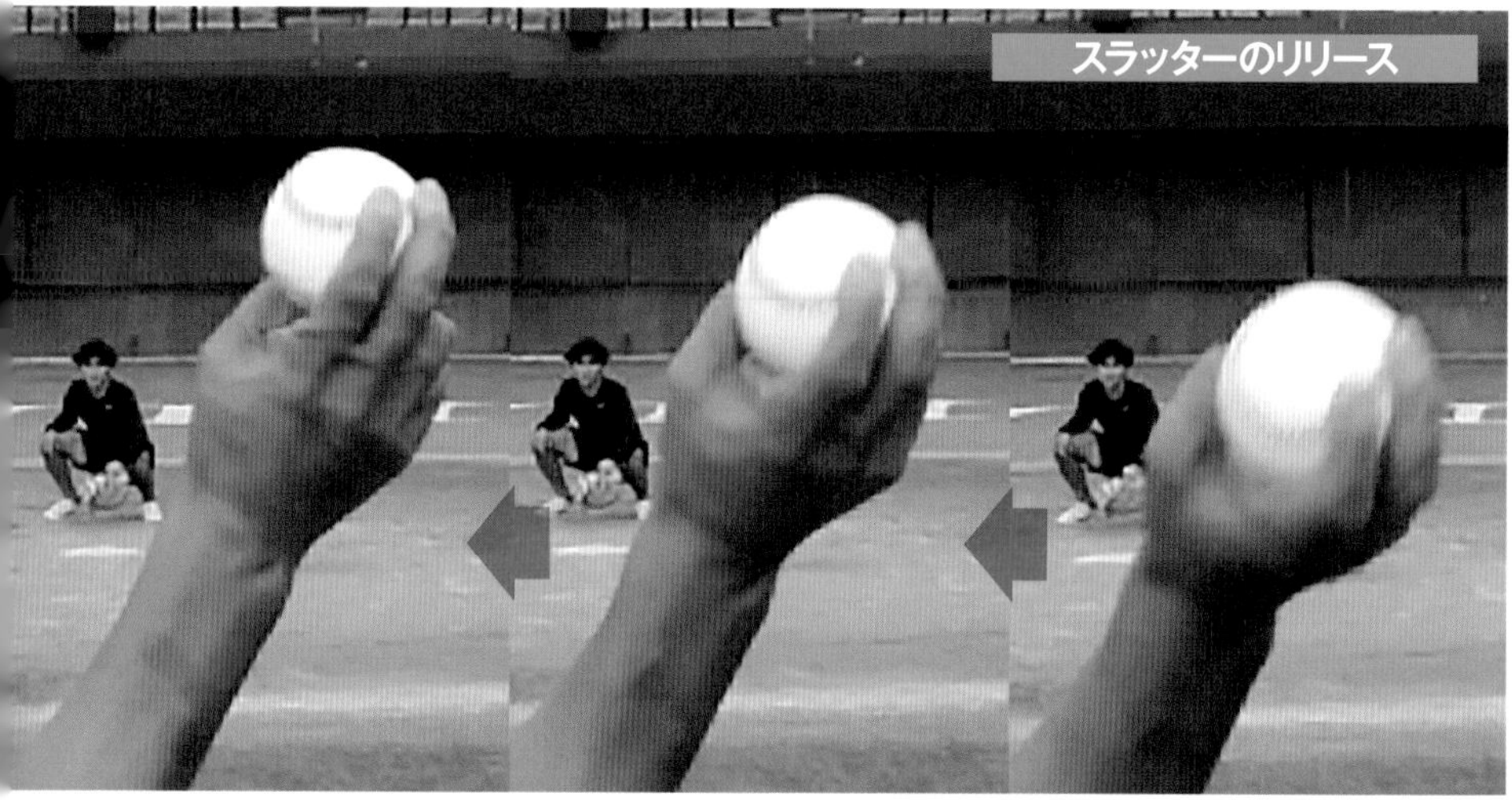

カットボールの回転軸をさらに自分に向け ジャイロ成分を大きくする

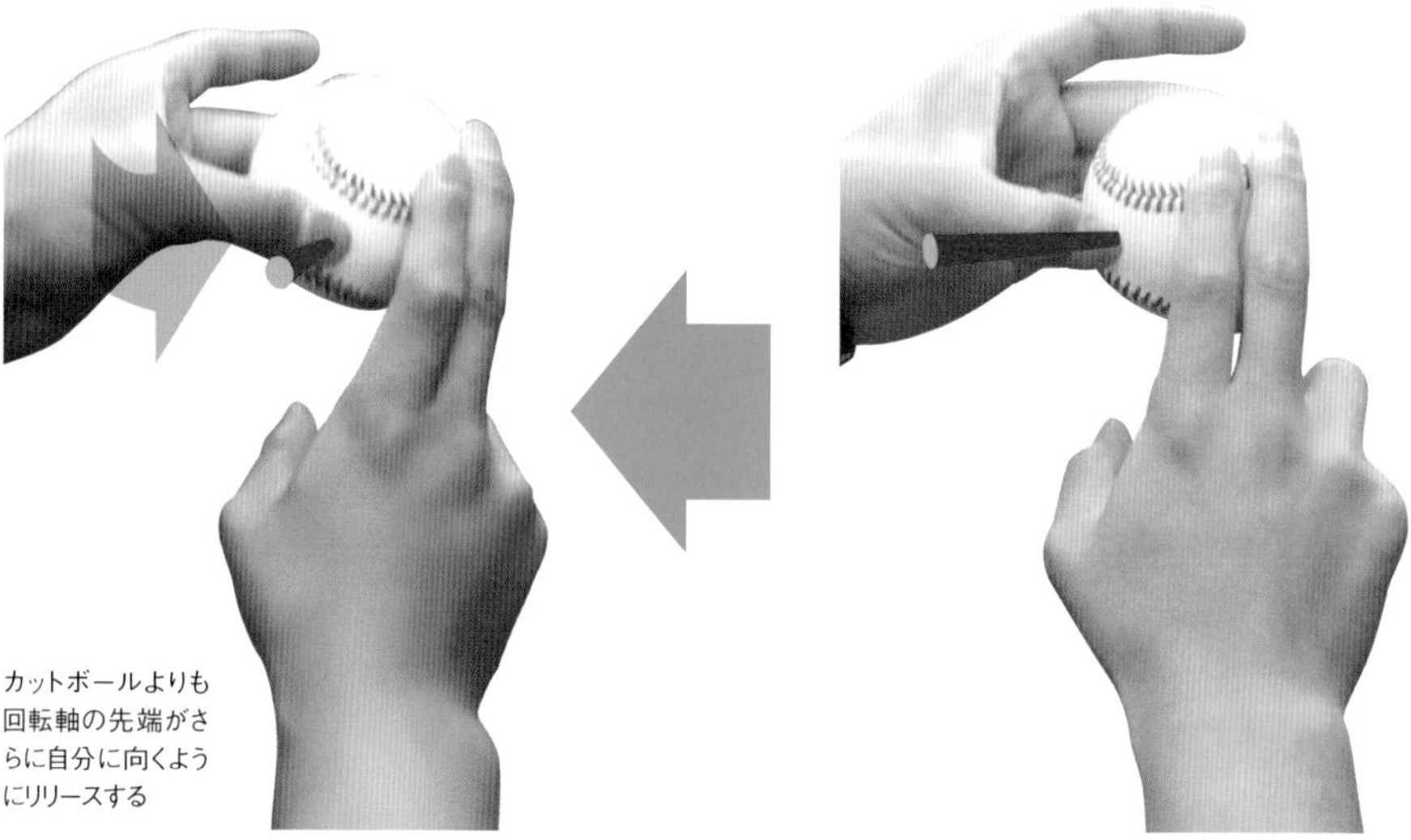

カットボールよりも回転軸の先端がさらに自分に向くようにリリースする

スラッターのリリース

カットボールのリリース

手首を寝かさずにボールの右側を縦に切るようにリリースする

自分から見てボールの右側をこするようにリリースするが、手首が負けて横に寝ないように注意する

NG 手首が寝る

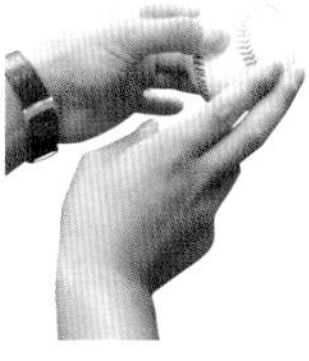

手首が寝ているとボールがシュートしてしまう

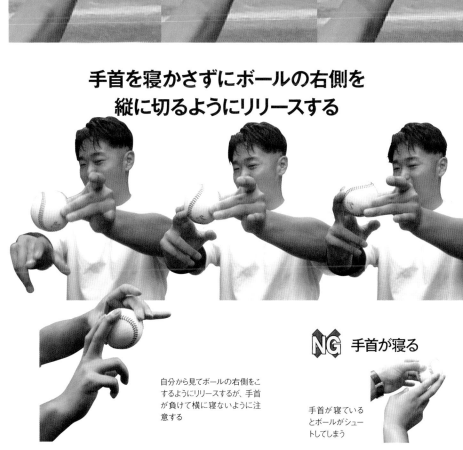

USE STRAIGHT ORBIT 03

正式名称はスプリットフィンガードファストボール

バッターの手もとで鋭く落ちるのがスプリット

スプリットフィンガードファストボール（以下、スプリット）は、バッターの手もとで落ちる変化球。

バッター近くで落ちるボールには、他にも「フォークボール（92ページ参照）」もありますが、その違いは落ち幅です。スプリットがバッター近くで「小さく鋭く」落ちるのに対し、フォークはバッターの近くで「大きく」落ちるボールです。

また、スプリットの方がフォークボールよりも球速が速いことから、別名「高速フォーク」などとも呼ばれています。

スプリットを投げるときは、ストレートと同様に強く発射することが大切です。変化量が大きいボールではないのでリリースの瞬間に抜けてしまうと、バッターに反応されてしまいます。コントロールのエラーにも注意が必要です。

リリースのポイントは、発射角度をストレートに近づけることです。スプリットはストレートと比べて回転数が少なくなるので、シームに指をかけてバックスピンが強くなり過ぎると、変化量が小さくなってしまいます。人差し指と中指でボールを挟みますが、あまり深く挟み過ぎずに、ストレートと同じように発射することを心がけています。

私の場合、フォークボールではジャイロ成分やサイドスピンをかけるリリースをしますが、スプリットではただ挟んでストレートと同じように投げるイメージを大事にしています。

「スプリット」は球質としては バックスピンを抑えたストレート

ピッチャー側から見たボールの回転

※右ピッチャー（スリークオータースロー）の例

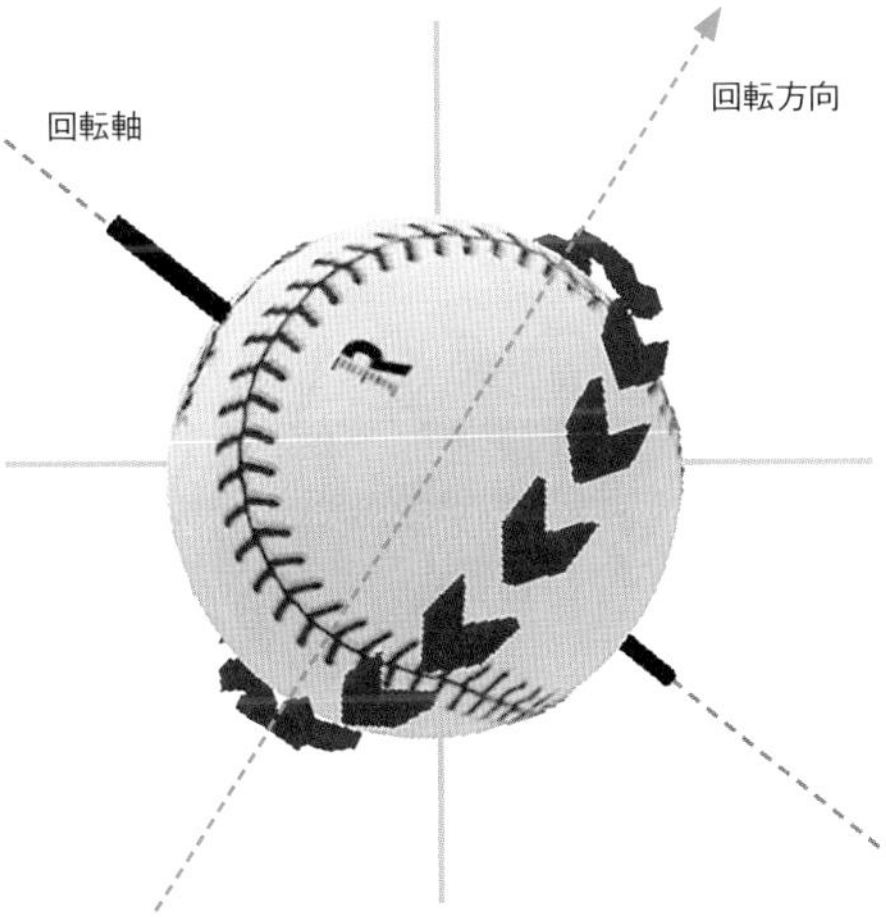

※ピッチングフォームによって軸の角度は異なる（17ページ参照）
※左ピッチャー（スリークオータースロー）の場合は左右対称になる

目安となる数値

球速
ストレート −10 km/h 前後

回転方向
01:30 ～ 02:00

回転効率
80 ～ 95 %

スピン量
1000 ～ 1300 RPM

変化量

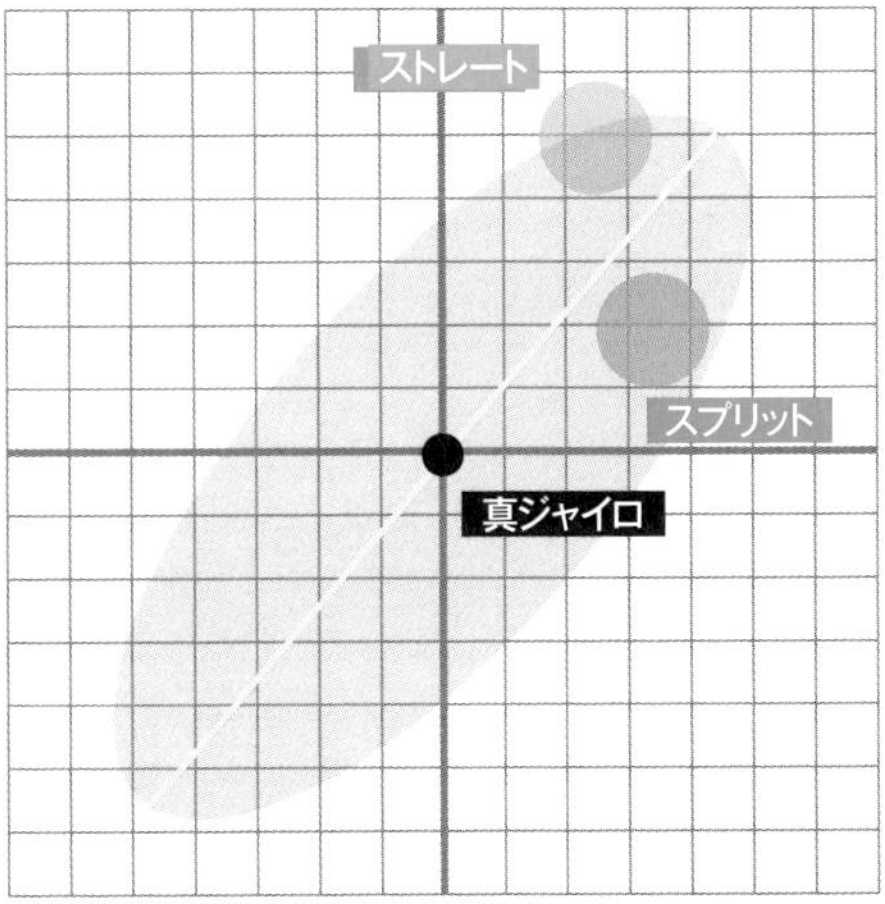

フォークボールの回転方向

スプリットの回転はストレートに近くなり、フォークボールの回転方向とは少し異なります。

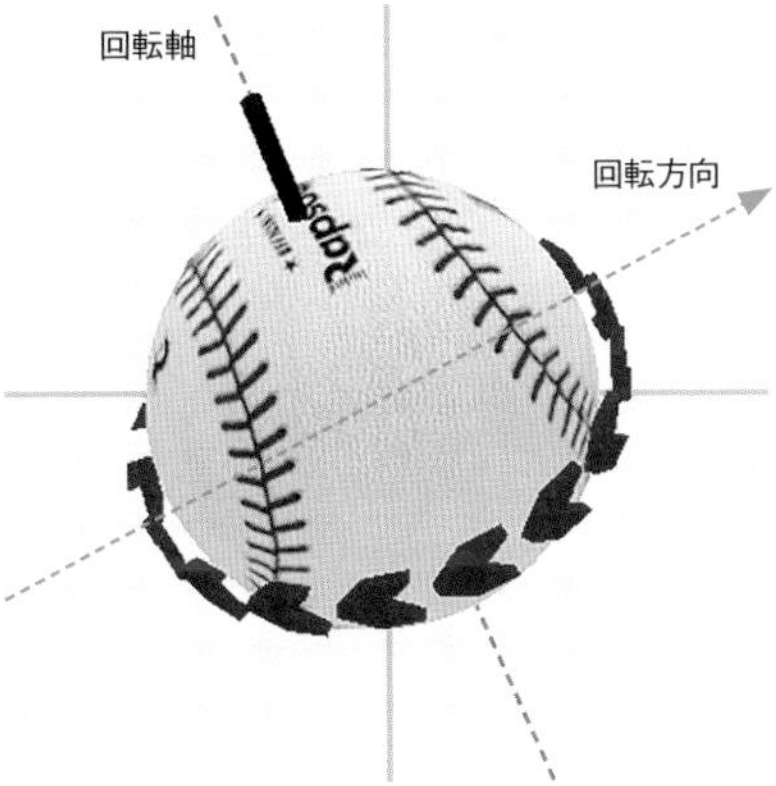

スプリットの握り方

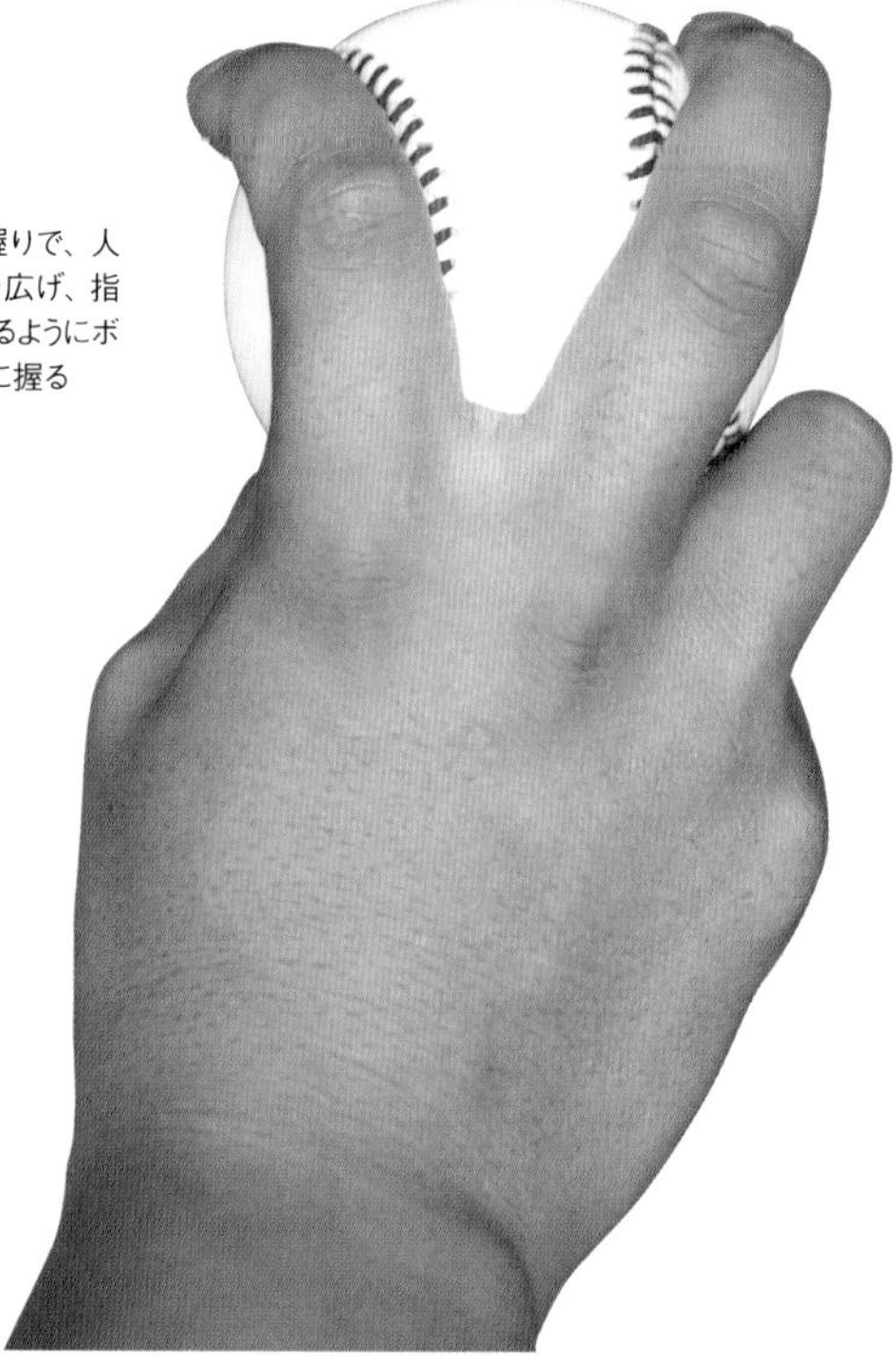

ツーシームの握りで、人差し指と中指を広げ、指がシームにかかるようにボールを挟むように握る

親指をシームにかけて、人差し指、中指、薬指、親指の4本でボールの重心に向かって圧をかけるように握る

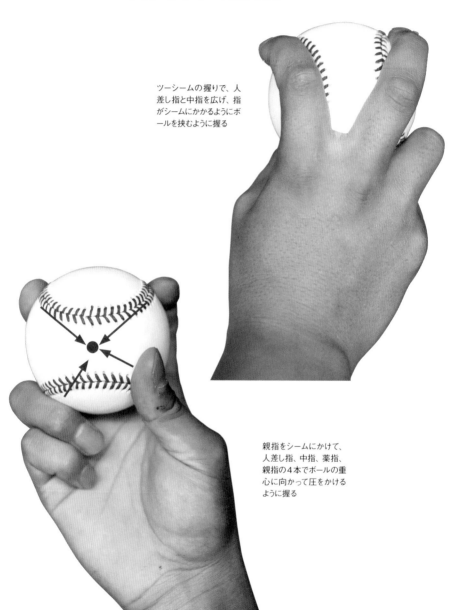

スプリットの変化の軌道イメージ

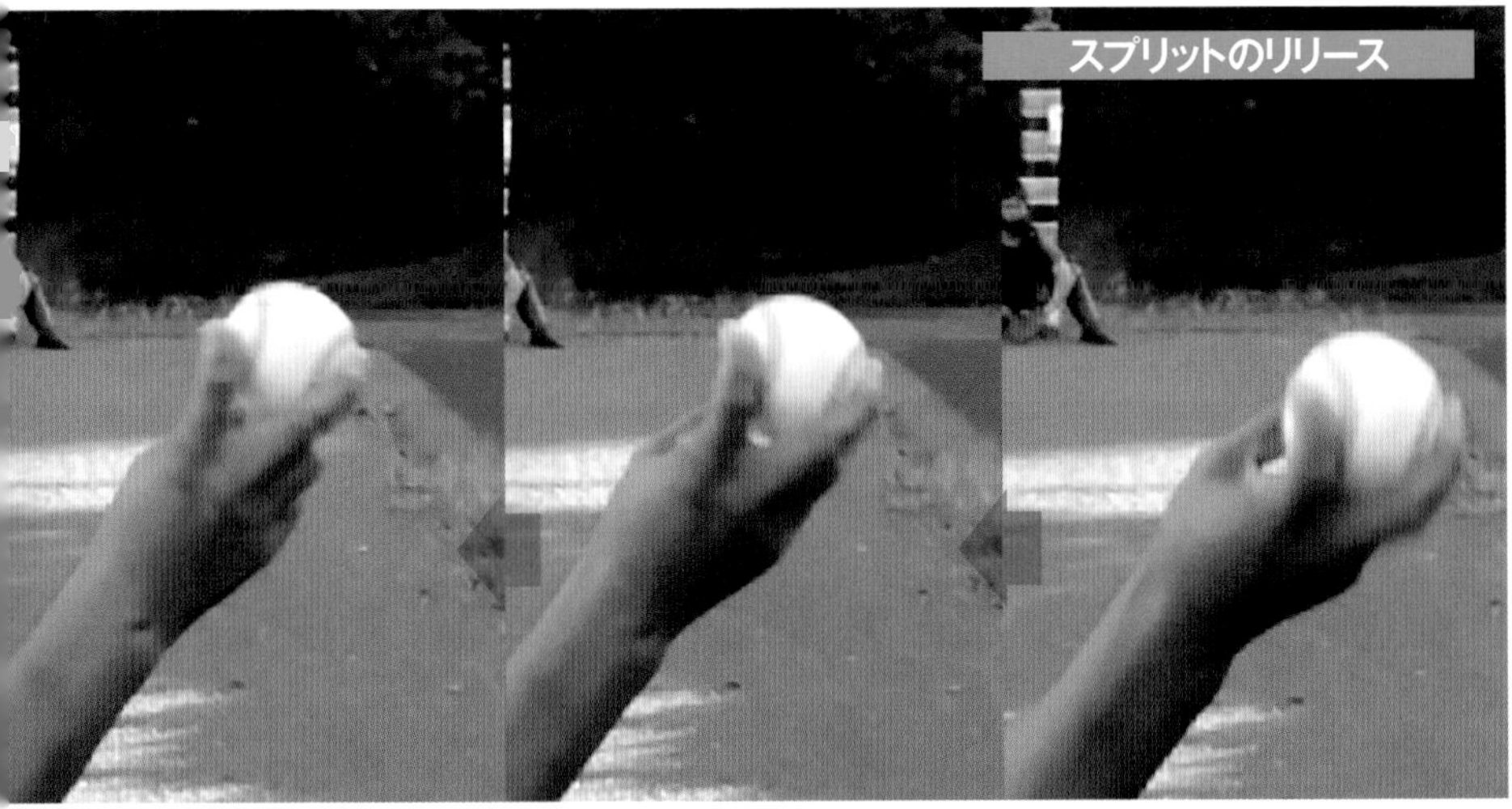

発射角度をできるだけまっすぐに近づけ
回転を意識せずにストレートのようにリリースする

指を広げたストレートのイメージで投げると中指側からのリリースになって、シュート回転がかかる

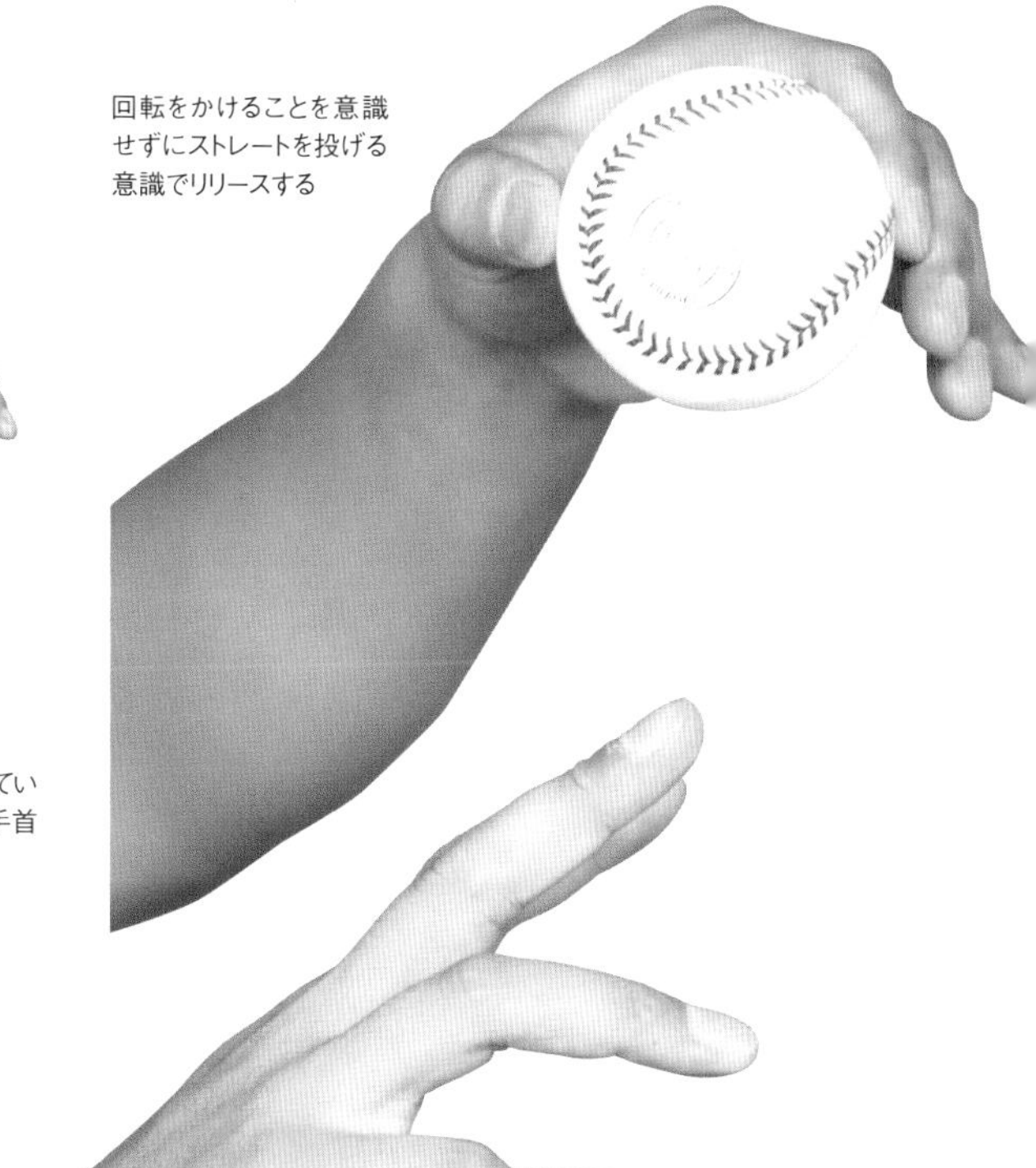

回転をかけることを意識せずにストレートを投げる意識でリリースする

NG 上に抜ける

ストレートと同じリリースをするため、指を開いているぶん上に抜けやすくなる。とくにリリースで手首が負けると抜けやすくなるので注意しよう

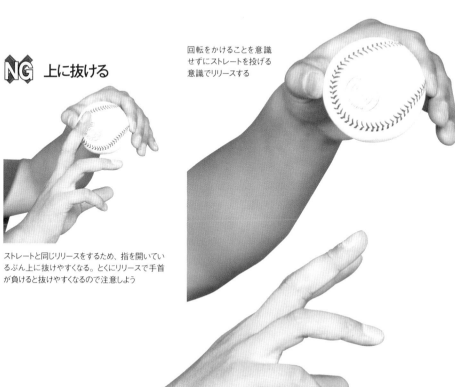

USE STRAIGHT ORBIT 04

投げ方によって変化の仕方が変わる

バッターの手もとで大きく落ちる「フォークボール」

フォークボールは、スプリットと同様にストレート軌道でバッターの手もとで落ちる変化球です。バッターの近くで変化するため、三振を奪う決め球としてよく使われています。

人差し指と中指を広げて、スプリットよりボールを深く挟んで握ります。私の場合、シュート回転とジャイロスピンを入れたいので、指の腹ではなく、指の内側の側面でボールを握るようにしています。手首を立てるとバックスピンが強くなるので、手首の角度に注意しています。

人差し指と中指の位置は人によって異なりますが、私はシームに指をかけずに握るようにしています。また、リリースでは、指のつけ根付近でボールをしっかり押し出し、中指の内側でリリースすることで、サイドスピンをかける感覚で投げています。

フォークボールは、人差し指のどこに圧をかけるかでも回転の仕方が変わります。第一関節なのか第二関節なのかで、回転軸の傾きが変わり、変化の向きや変化量も変わります。

さらに、握り方によっていろいろなアレンジができるのもフォークボールの特徴です（110ページ参照）。握りやリリースによって変化の仕方も変わるので、いろいろと試して、感覚をつかんでおくといいでしょう。

スプリットより少ない回転でジャイロ成分が大きくなるぶん落ち幅も大きくなる

ピッチャー側から見たボールの回転

※右ピッチャー（スリークオータースロー）の例

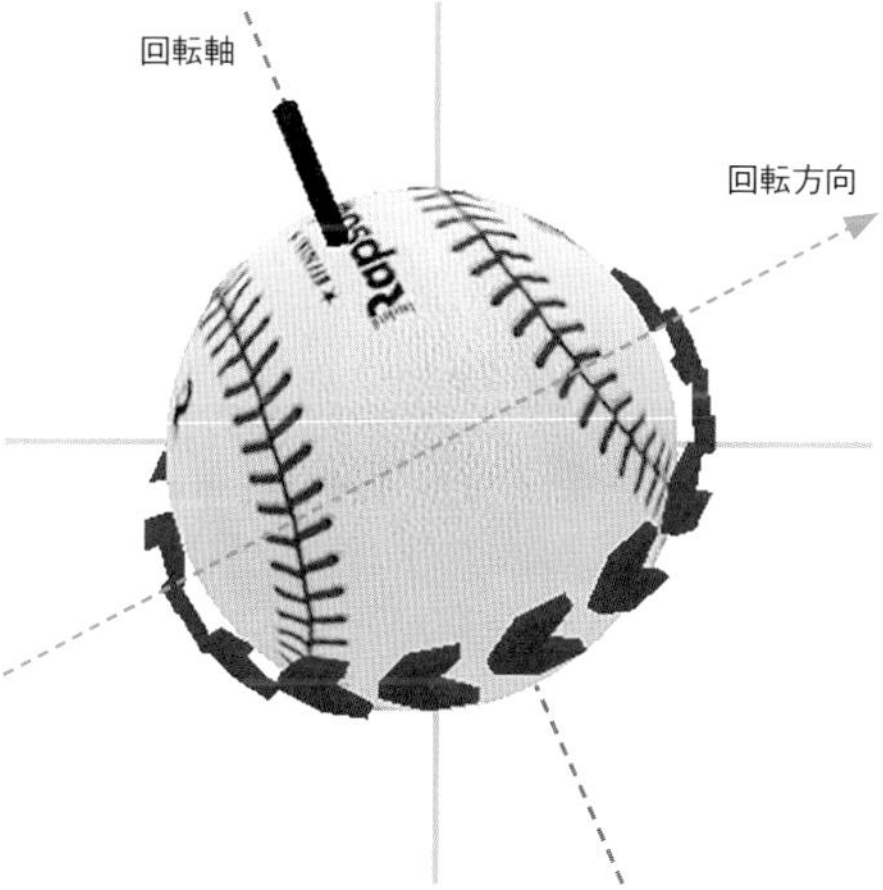

※ピッチングフォームによって軸の角度は異なる（17ページ参照）
※左ピッチャー（スリークオータースロー）の場合は左右対称になる

目安となる数値

球速
ストレート　−15 km/h 前後

回転方向
02:00 ～ 03:00

回転効率
65 ～ 85 %

スピン量
600 ～ 1200 RPM

変化量

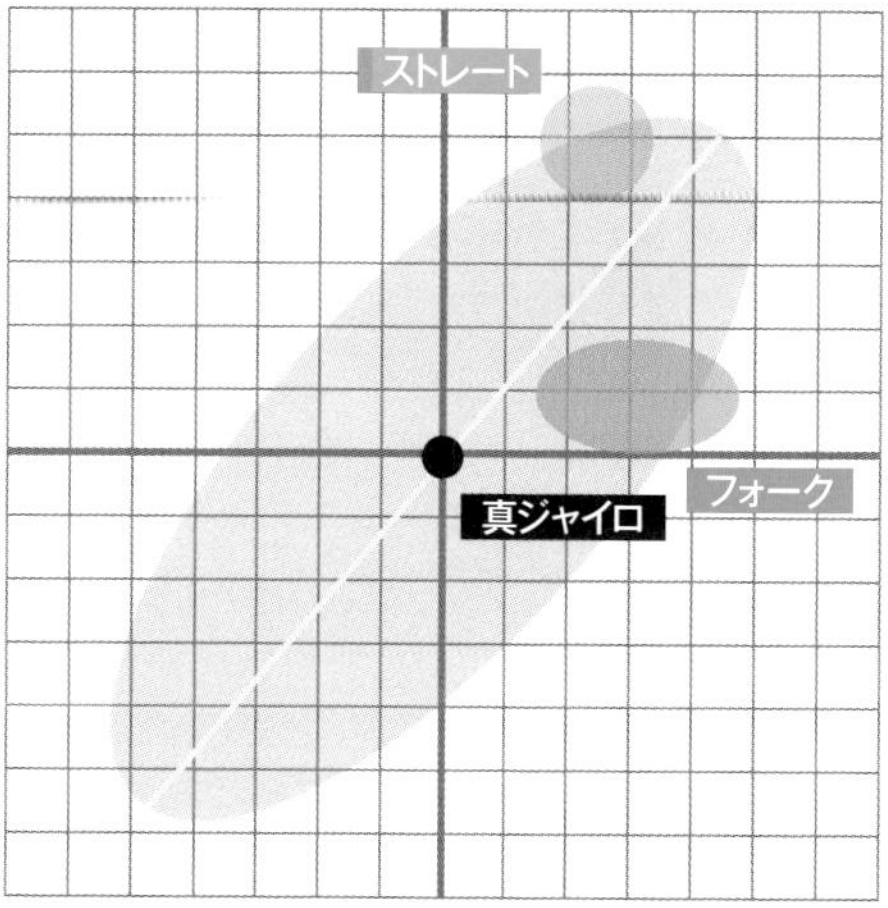

リリースの中指で回転軸をつくる

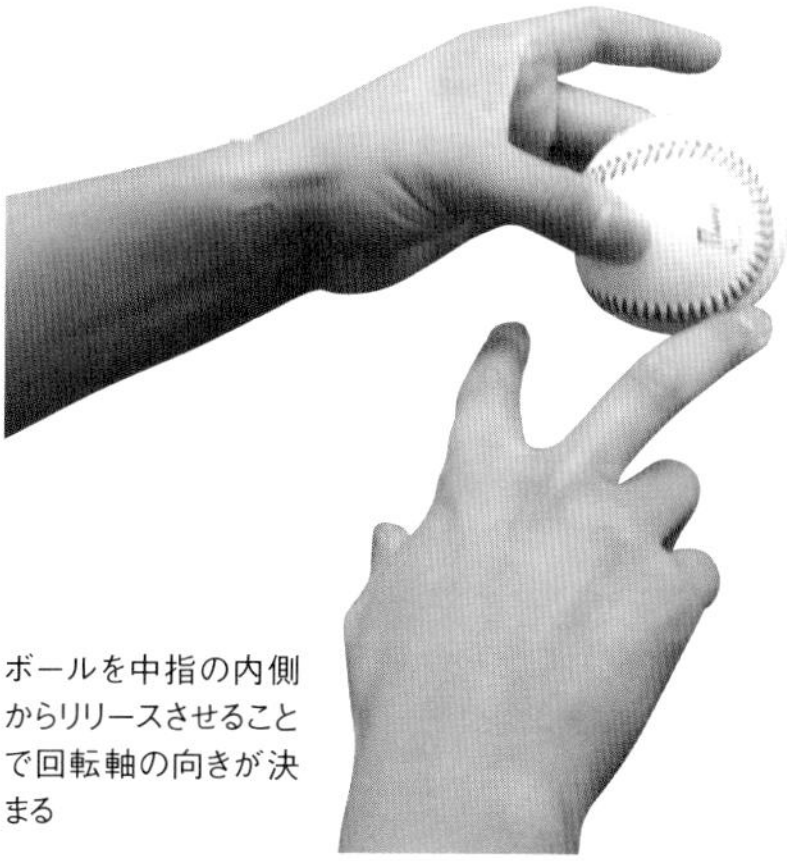

ボールを中指の内側からリリースさせることで回転軸の向きが決まる

フォークボールの握り方

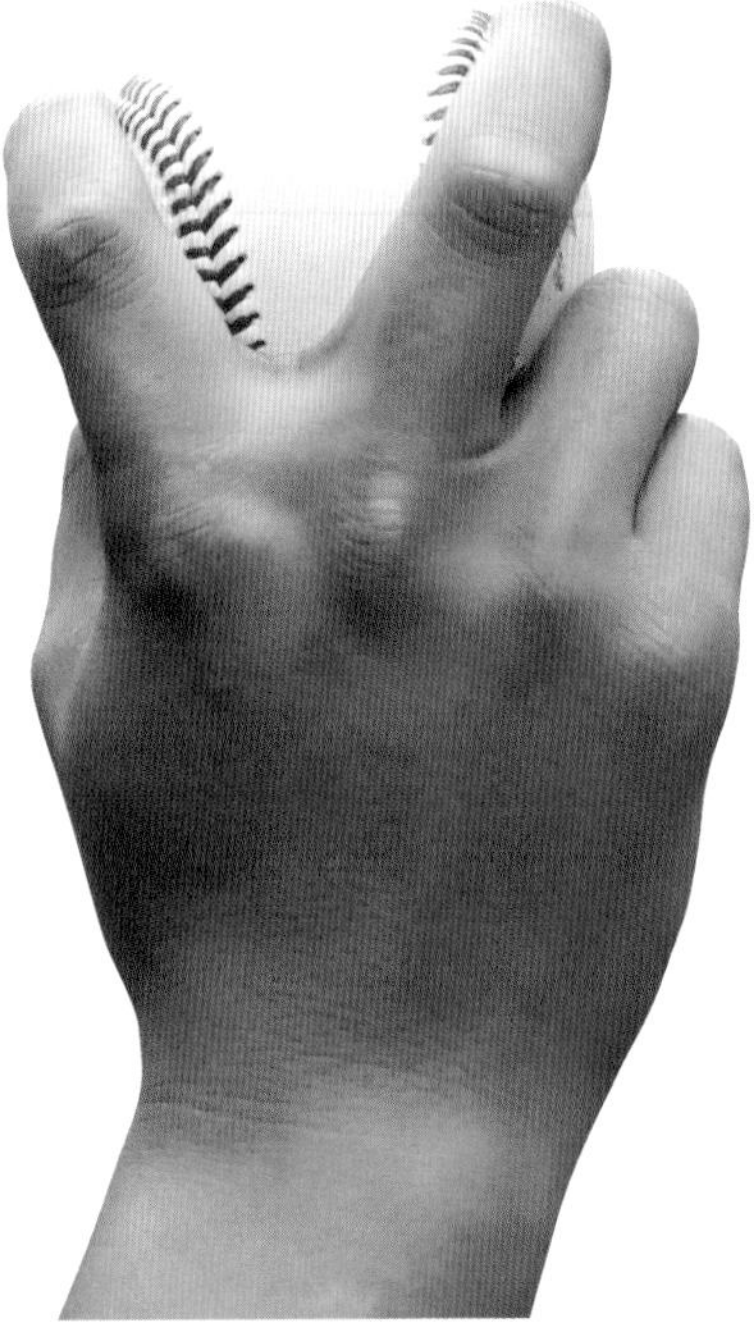

スプリットよりも人差し指と中指を大きく広げ、私の場合は指をシームにかけずに挟むように握っている

私の場合、人差し指、中指、薬指、親指の4点支持でボールの重心に向かって圧をかけるように握っている

手首の角度

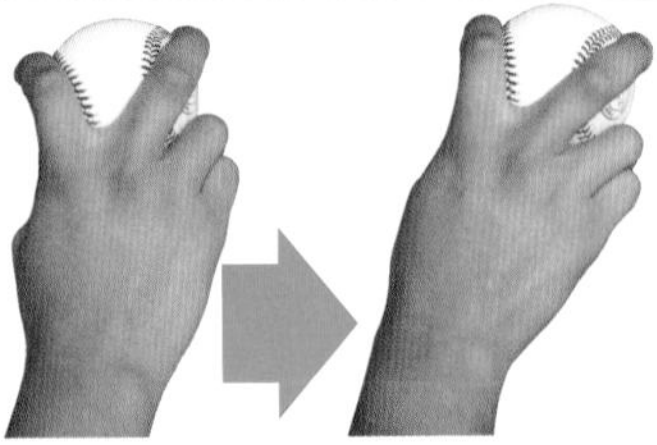

手首を立てているとバックスピンがかかりやすくなるので、少し手首を倒して握る

フォークボールの変化の軌道イメージ

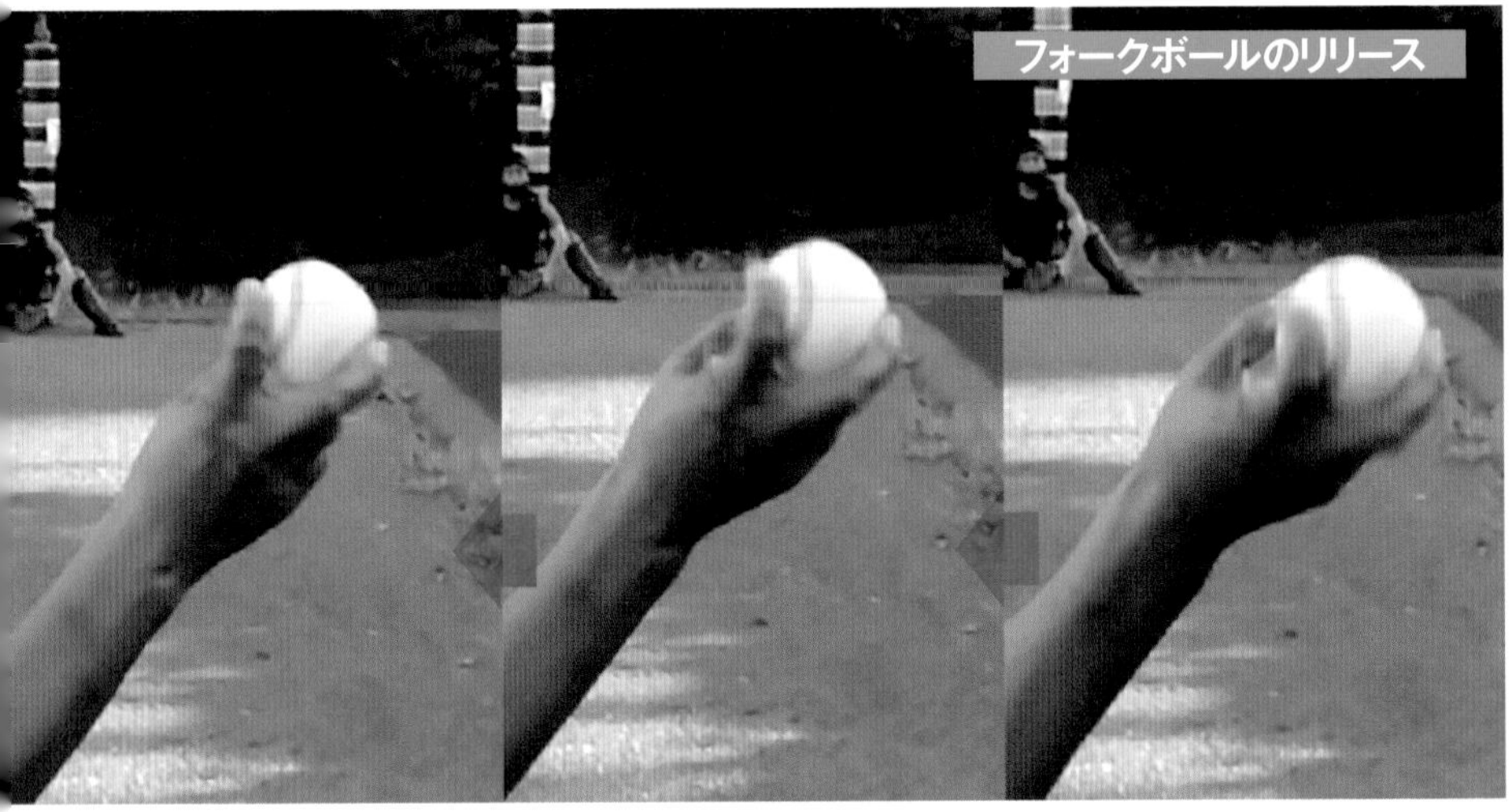

手首を立てて人差し指と中指のつけ根で ボールを押し出すようにリリースする

リリースでは手首を立てて、人差し指と中指で押し出すようにボールに力を伝える

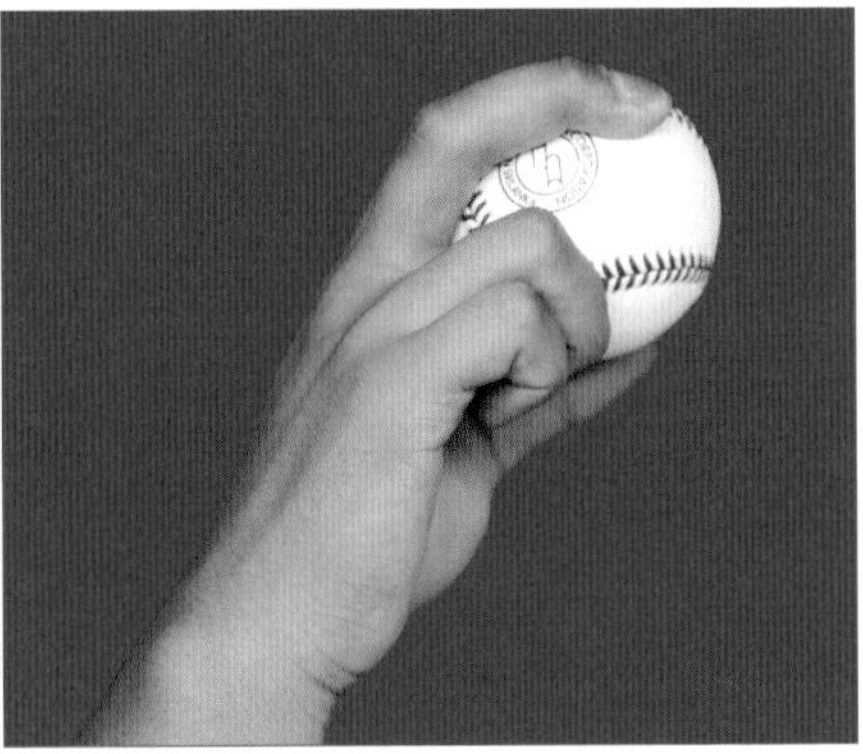

NG 手首が反ると上に抜ける

リリースでは手首が反ると、バックスピンがかかってボールが上に抜ける

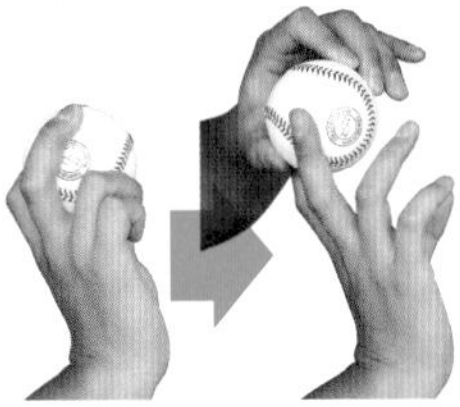

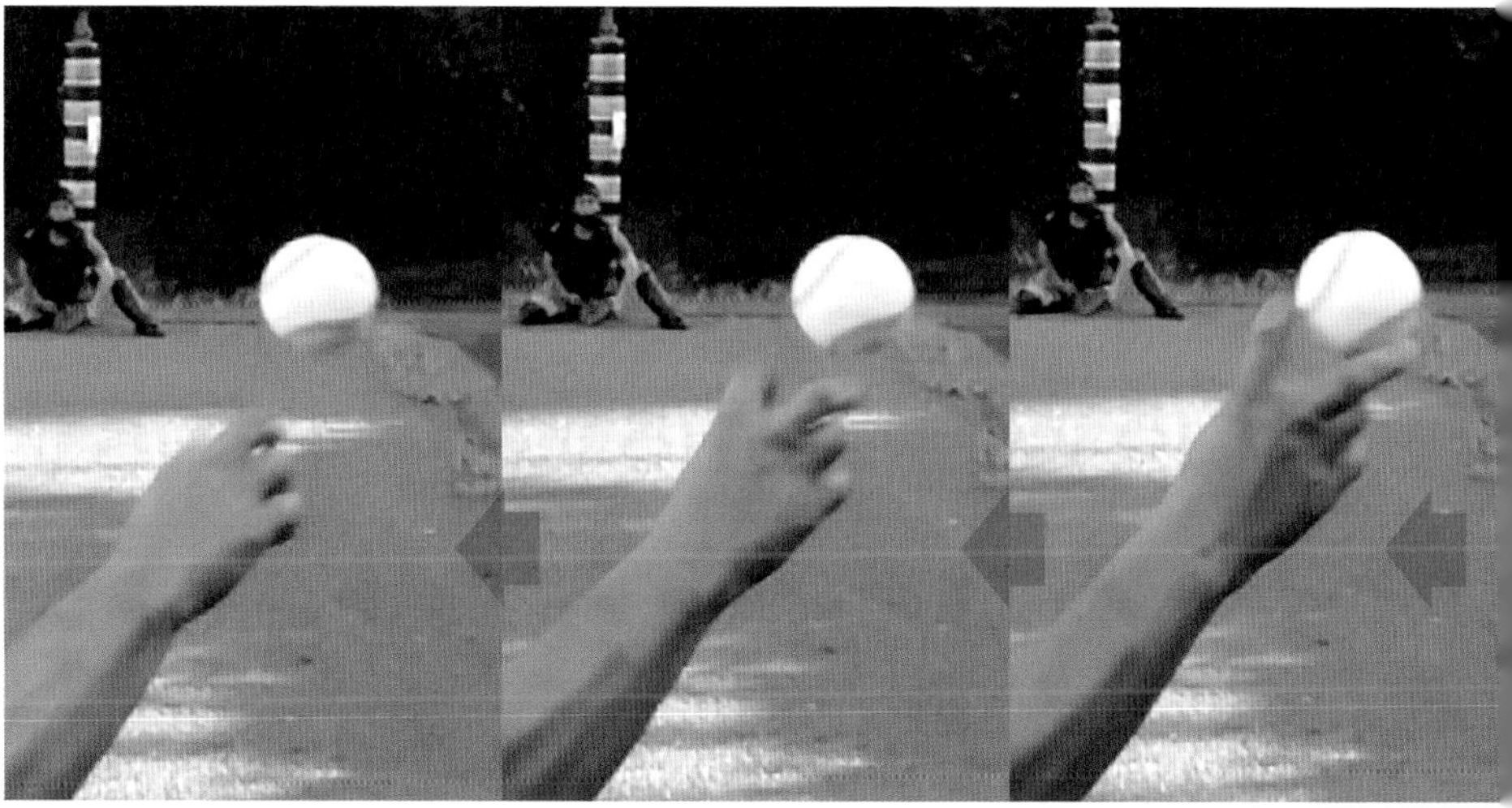

人差し指と中指のつけ根で押し出すイメージでボールを中指の内側に滑らせる

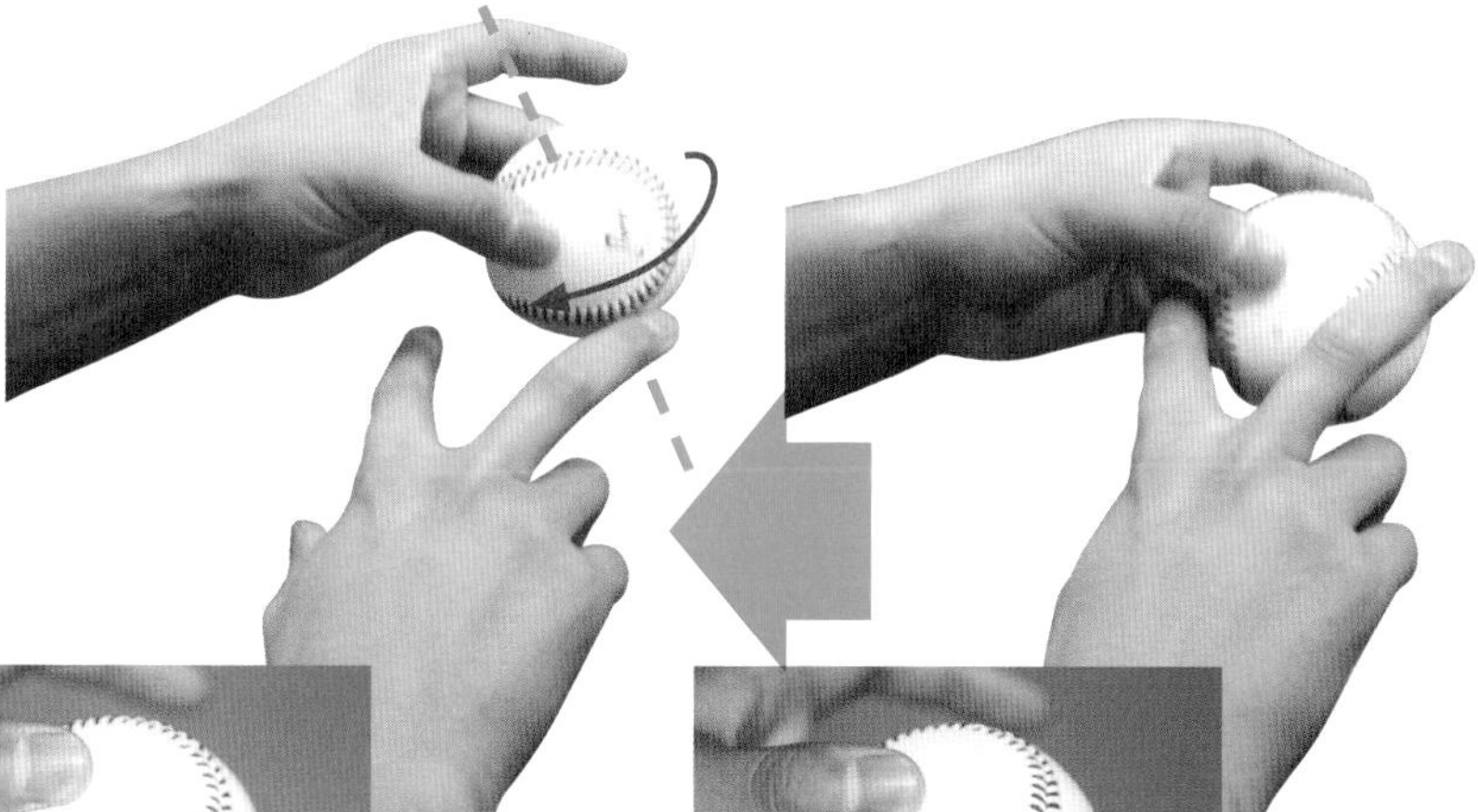

ジャイロスピンとサイドスピンの軸をつくるイメージでリリースしよう

中指の内側でボールをこするようなイメージでリリースする

USE STRAIGHT ORBIT 05

シュートもしくは小さく沈むシンカーの軌道

ツーシームは手の向きで変化の方向が変わる

一般的に「ツーシーム」と呼ばれている変化球の正式名称は「ツーシームファストボール」、４シームＦＢの握りを変えて投げる速球です。球質としては４シームＦＢと同じシュート回転でバックスピンの程度によって変化量が変わります。

リリース時の手首の角度によって、「シュート系」の変化をするのか、バッターの手もとで少し落ちるような「シンカー系」の変化をするのかが変わります。

これらの違いは、回転軸の傾きによって、ジャイロ成分が変わることで起こります。回転軸が水平に近づくほどバックスピンが強くなり４シームＦＢに近づき、シュート系のボールになります。回転軸が垂直に近づくほどバックスピンの要素が小さく、サイドスピンの要素が大きくなるため、シュート回転をしながら沈むシンカー系のボールになります。

私の場合、シュートさせにいくときは、ツーシームで少しだけストレートよりも回転軸を右に倒してリリースします。それとは逆に、ジャイロシンカーのように落としたいときは、ストレートよりも回転軸を自分に向けるようにしています。

ツーシームは、一般的に単にシュート回転するだけの変化では被打率が高くなってしまいます。また、４シームＦＢの速度や質を高めることでツーシームをさらに有効に使えるようになります。

サイドスピンはシュート変化、ジャイロ成分は落ち幅に影響する

ピッチャー側から見たボールの回転

※右ピッチャー（スリークオータースロー）の例

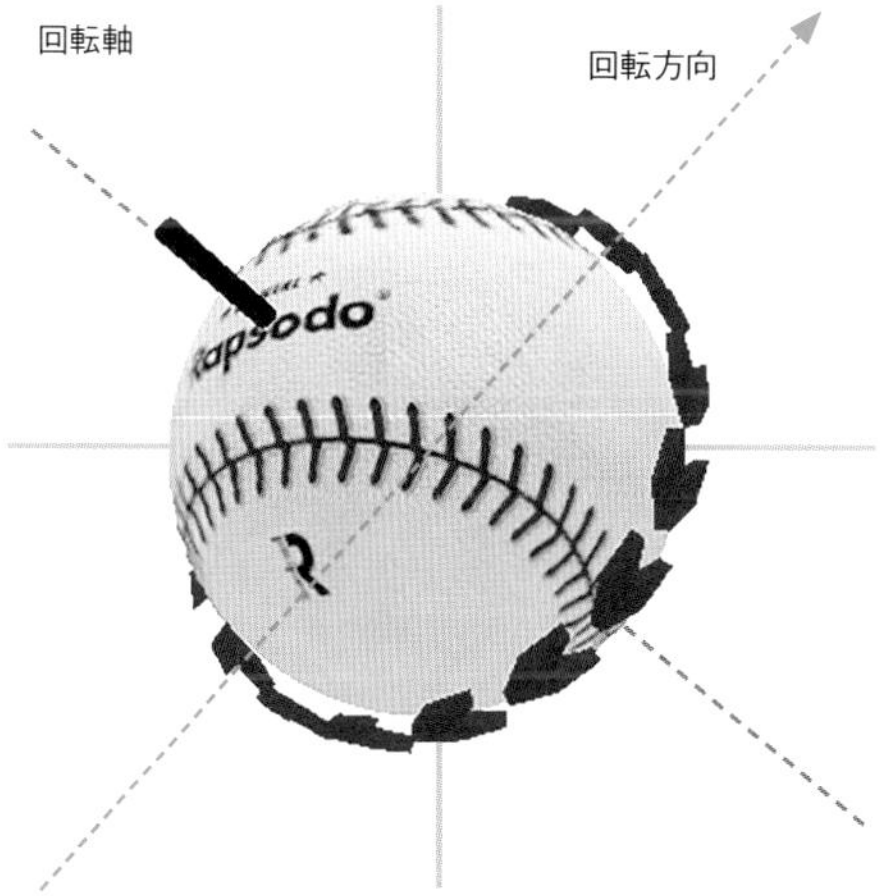

※ピッチングフォームによって軸の角度は異なる（17ページ参照）
※左ピッチャー（スリークオータースロー）の場合は左右対称になる

目安となる数値（シンカー系）

球速

ストレート ±0～－10 km/h

回転方向

01:00 ～ 02:00

回転効率

60 ～ 100 %

スピン量

ストレート ±0～－500 RPM

変化量

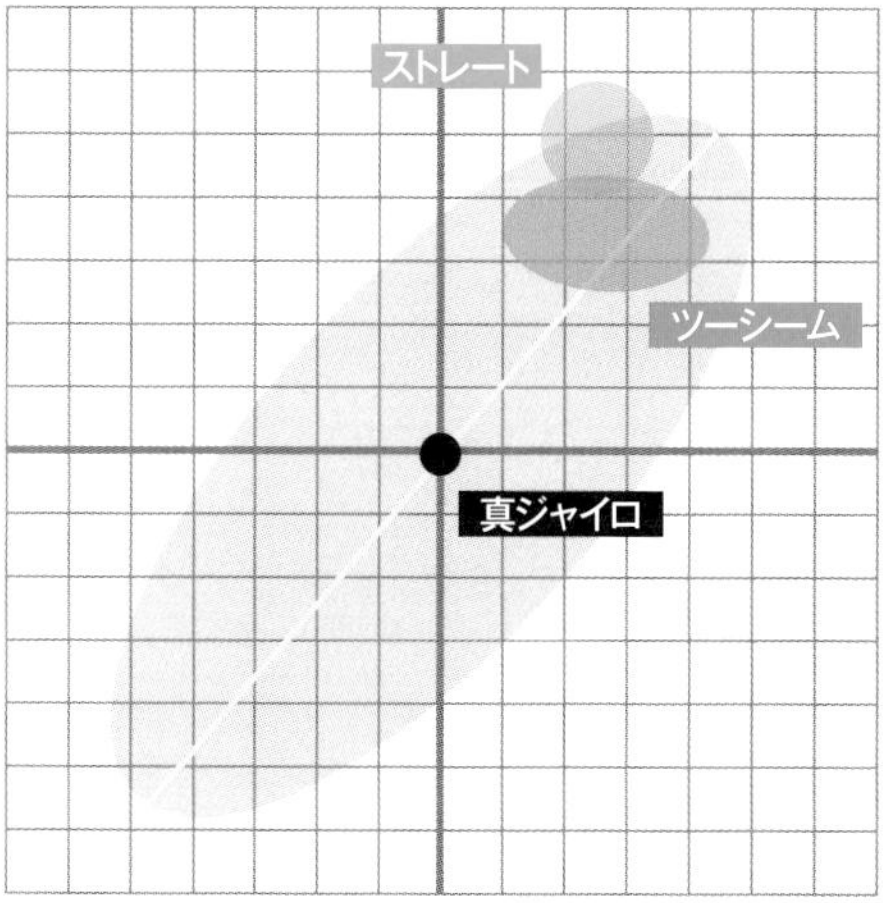

回転軸とジャイロ成分

シンカー系

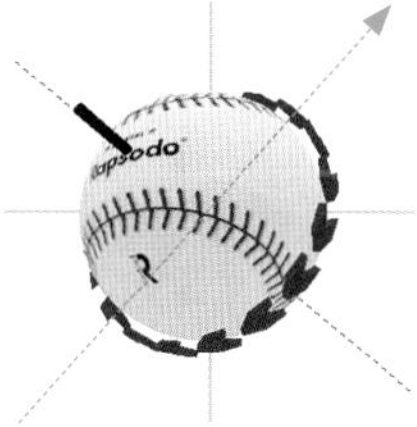

サイドスピンとジャイロスピンがかかることでシュート回転で沈むボールになる

シュート系

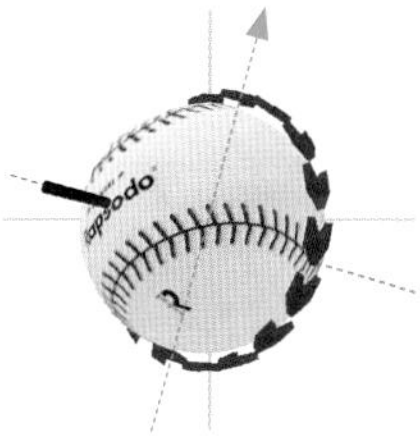

握りを変えたストレート。ツーシームで握ることで、スピンによるボール周囲の空気の流れが変わるため変化量が変わる

ツーシームの握り方

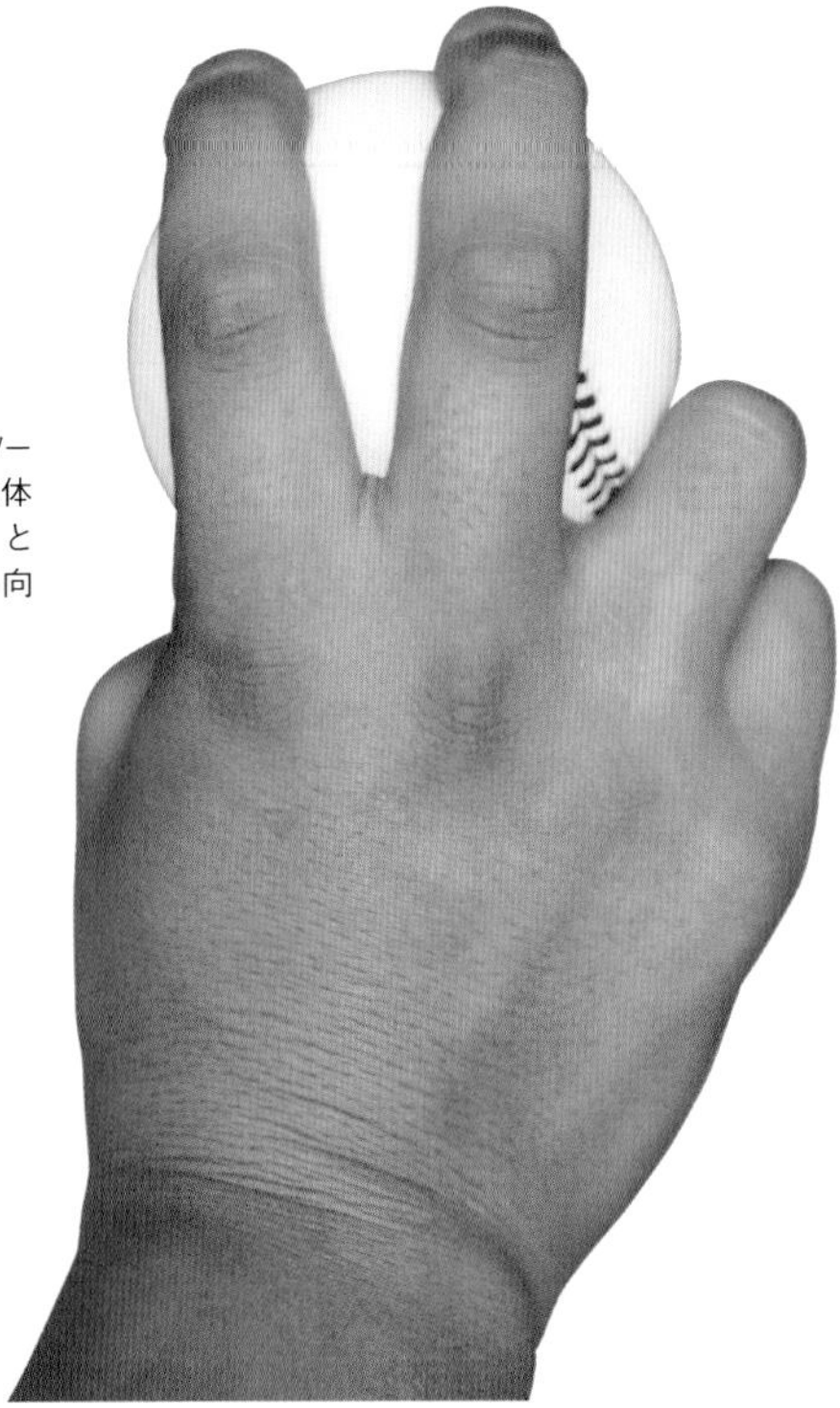

指をシームに沿わせてツーシームで握る。握り方自体はストレート（4シーム）と同じだが、縫い目の方向が異なる

この握りで投げることで、ボールが1回転する間にシームが2回になる。シームの突起でボール周辺の気流が変わる

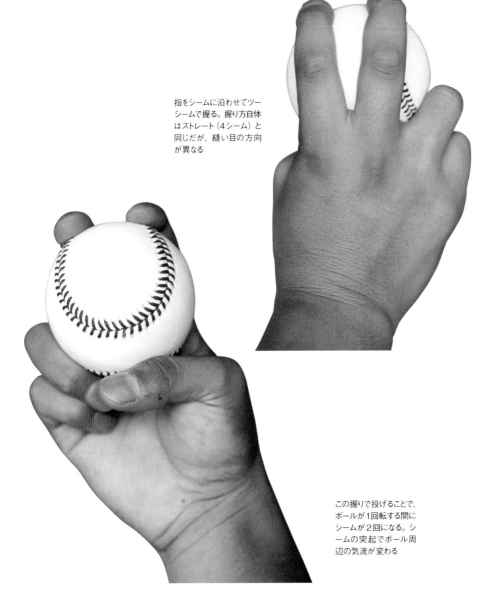

ツーシームの変化の軌道イメージ

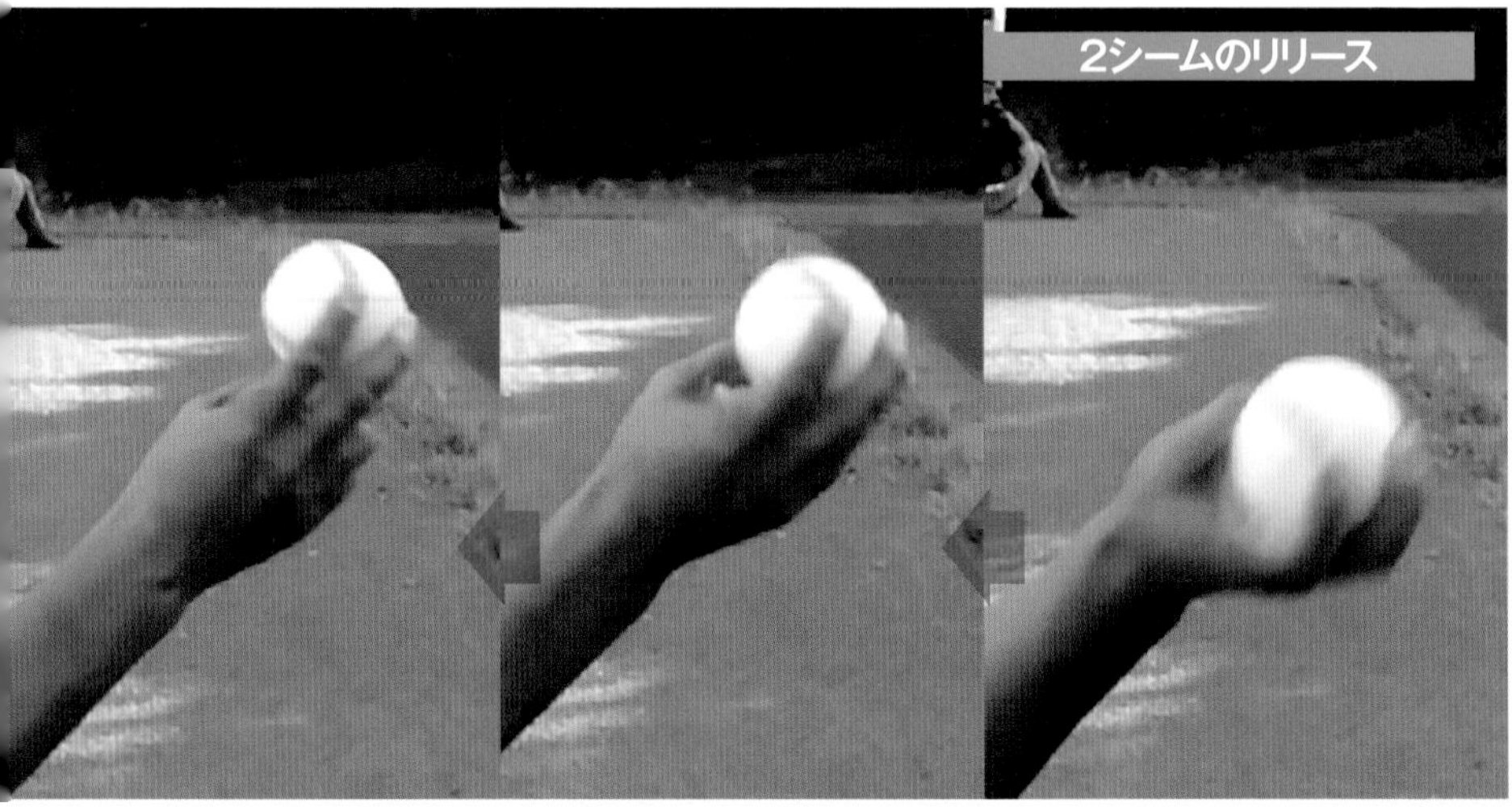

ストレートよりも回転軸を傾けることで サイドスピンの要素が大きくなってシュートする

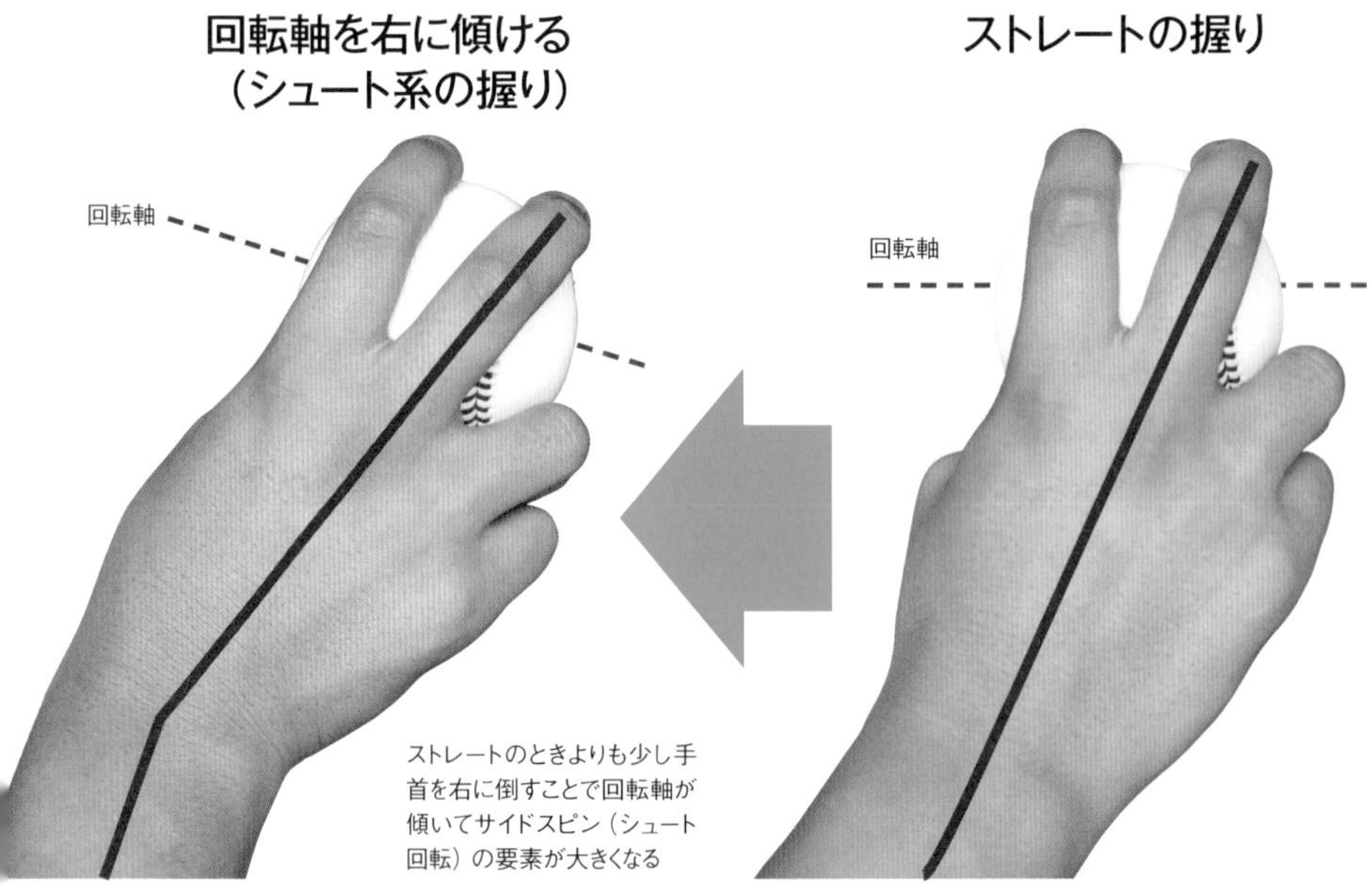

ストレートのときよりも少し手首を右に倒すことで回転軸が傾いてサイドスピン（シュート回転）の要素が大きくなる

ストレートより少し横からリリースすることでシュート回転が大きくなる

写真でもわかるように、私の場合、ツーシームのリリースポイントはストレートよりも右にしています。こうすることでストレートのリリースの感覚を大きく変えずに投げられると同時に、得られるシュート回転も大きくなります。

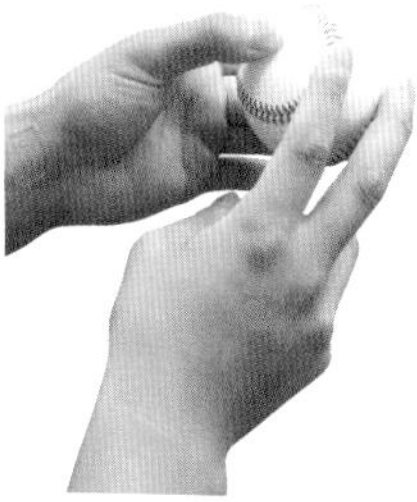

ストレートのリリース

ジャイロ成分を高めて落としたいときは回転軸の先端を自分に向ける

回転軸を手前に傾ける（シンカー系の握り）

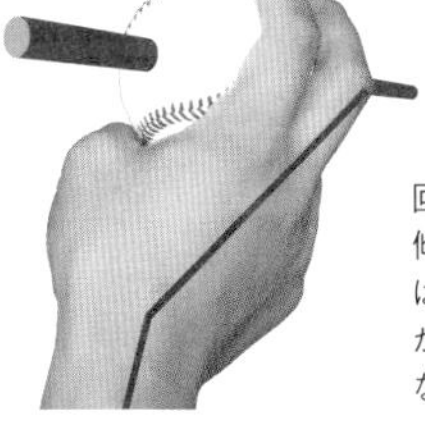

回転軸を手前に向けるように傾けるとサイドスピンの要素は小さくなるが、ジャイロ成分が加わり小さなシンカーのような落ちるボールになる

ストレートの握り

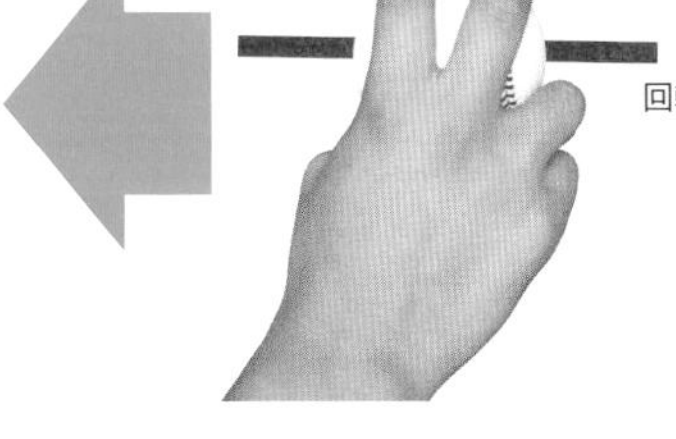

USE STRAIGHT ORBIT 06

ストレート軌道でボールが来ない

緩急で打者を打ち取る奥行きのチェンジアップ

チェンジアップには「シンカー系チェンジアップ」と「奥行きのチェンジアップ（緩急型）」の2種類に大きく分けて説明されていることが多いと思います。本書では、前者は「シンカー」（128ページ参照）として紹介しています。

奥行きのチェンジアップは別名「チェンジオブペース」や「パラシュートチェンジ」と呼ばれ、球速がストレートより約15キロ遅く、それであってバックスピンがかかっているため落ちないボールです。バッターからしてみれば、ストレートと同じフォームから球速のないボールが落ちずに来るので、「待っていてもこない」という打ちにくさを感じます。

投げ方は、ボールの握りを変えて、ストレートと同じフォームで投げるだけです。ストレートでは人差し指と中指でリリースするのに対して、チェンジアップでは中指と薬指を使ったリリースになるので、自動的に球速は遅くなります。

ストレートと同じ球だけど球速が遅い球をつくるイメージなので、変化させようとせずにただ全力で投げることで自然にまっすぐよりも遅いボールになります。

バッターにストレートと思わせて、緩急で打ち取ることを目的としたボールだけに、投げ方がストレートと変わらないように注意しましょう。

ボールの握りだけを変えて、軌道をできるだけストレートに近づける

ピッチャー側から見たボールの回転

※右ピッチャー（スリークオータースロー）の例

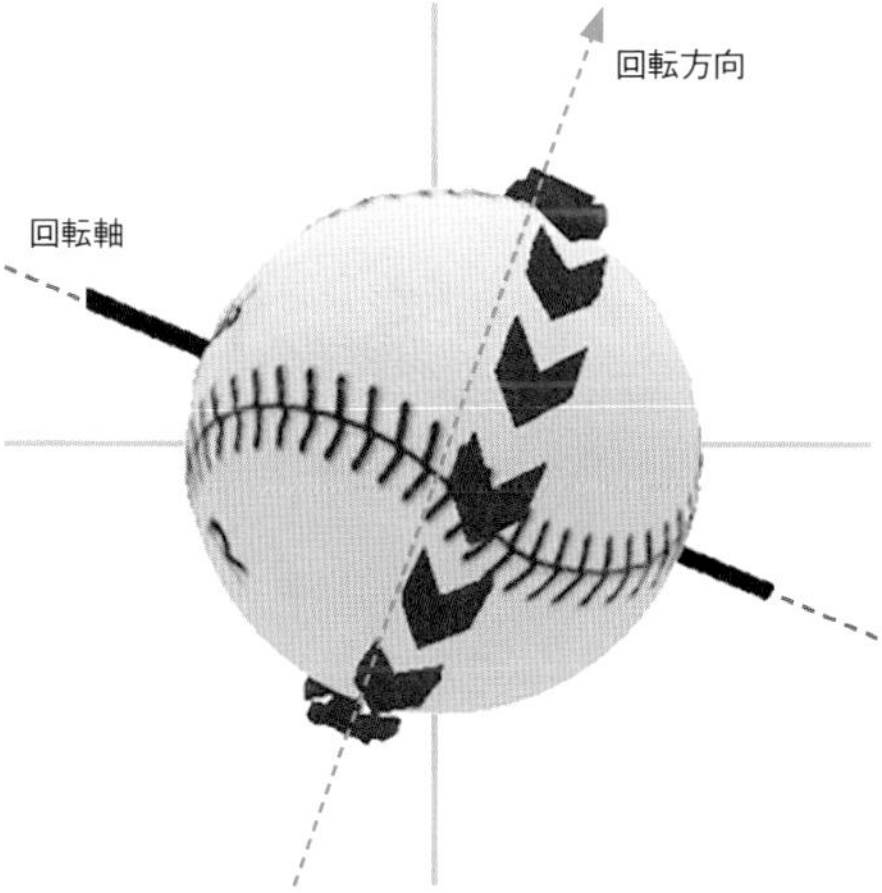

※ピッチングフォームによって軸の角度は異なる（19ページ参照）
※左ピッチャー（スリークオータースロー）の場合は左右対称になる

目安となる数値

球速
ストレート ±0～－10km/h

回転方向
ストレートと同等

回転効率
90～100%

スピン量
ストレート －100～400RPM

変化量

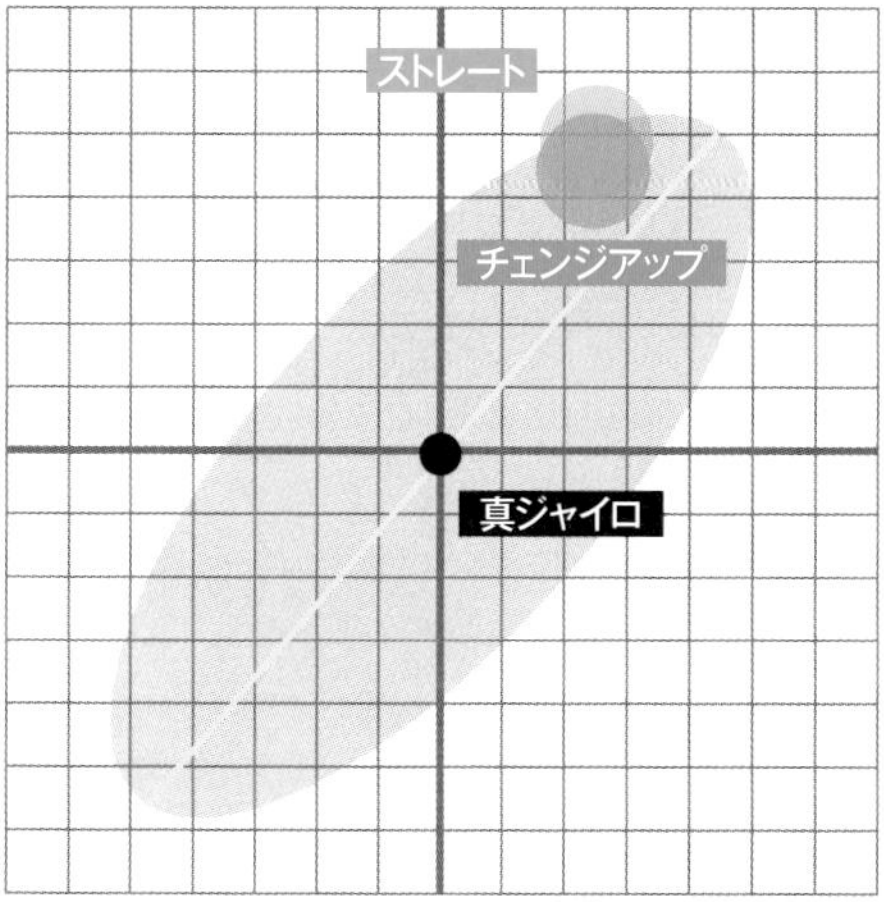

ストレートとの握りの違い

薬指と人差し指でボールを握ってストレートを投げるのがチェンジアップです。

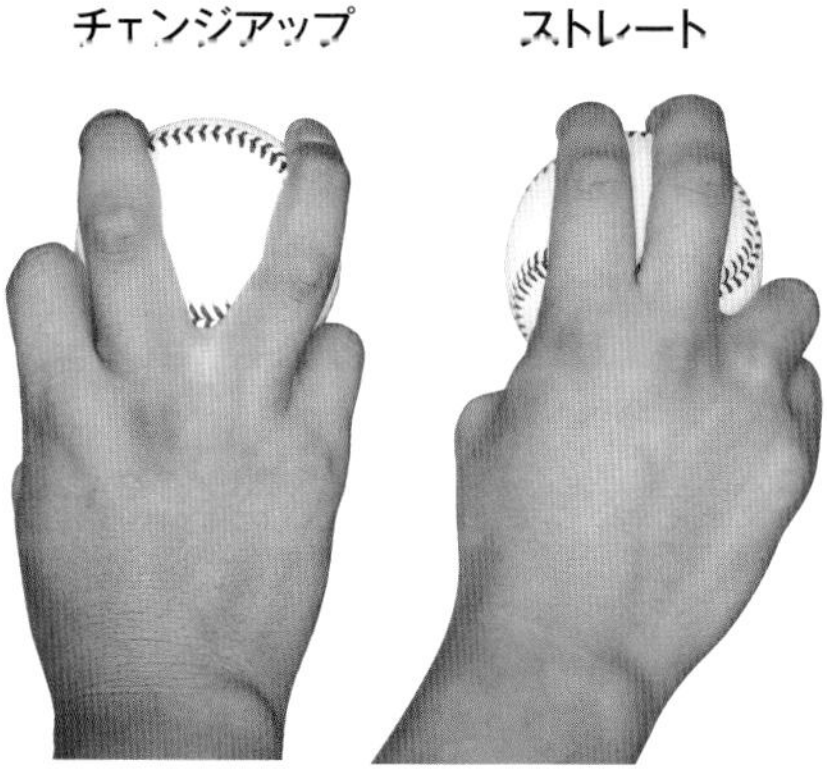

チェンジアップの握り方

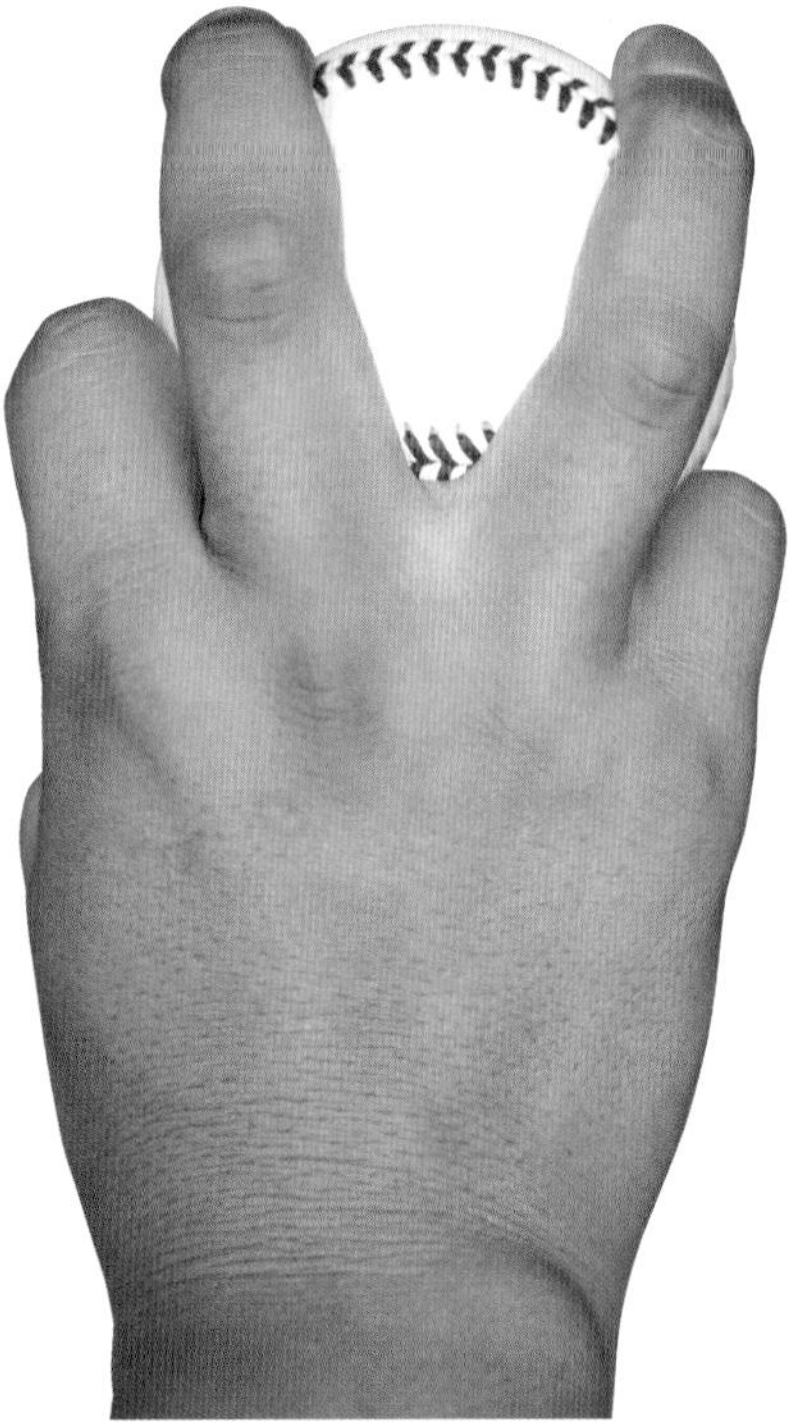

ストレートと同じ4シームの握りを中指と薬指で行う。指の幅を大きくすることでバックスピンがかかりやすくなる

ストレートの握り

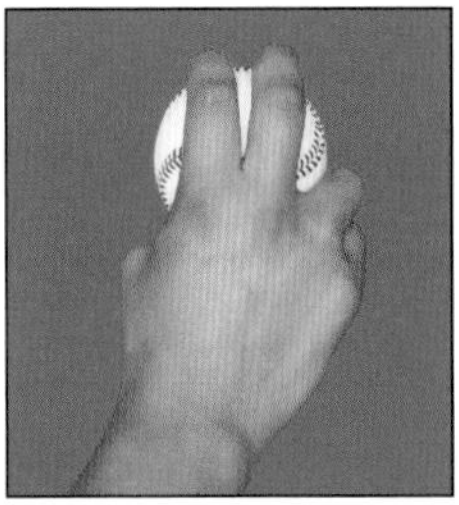

親指、人差し指、小指でボールを支えて不安定感をなくし、ストレートと同様に力強くリリースすることが大切

チェンジアップの変化の軌道イメージ

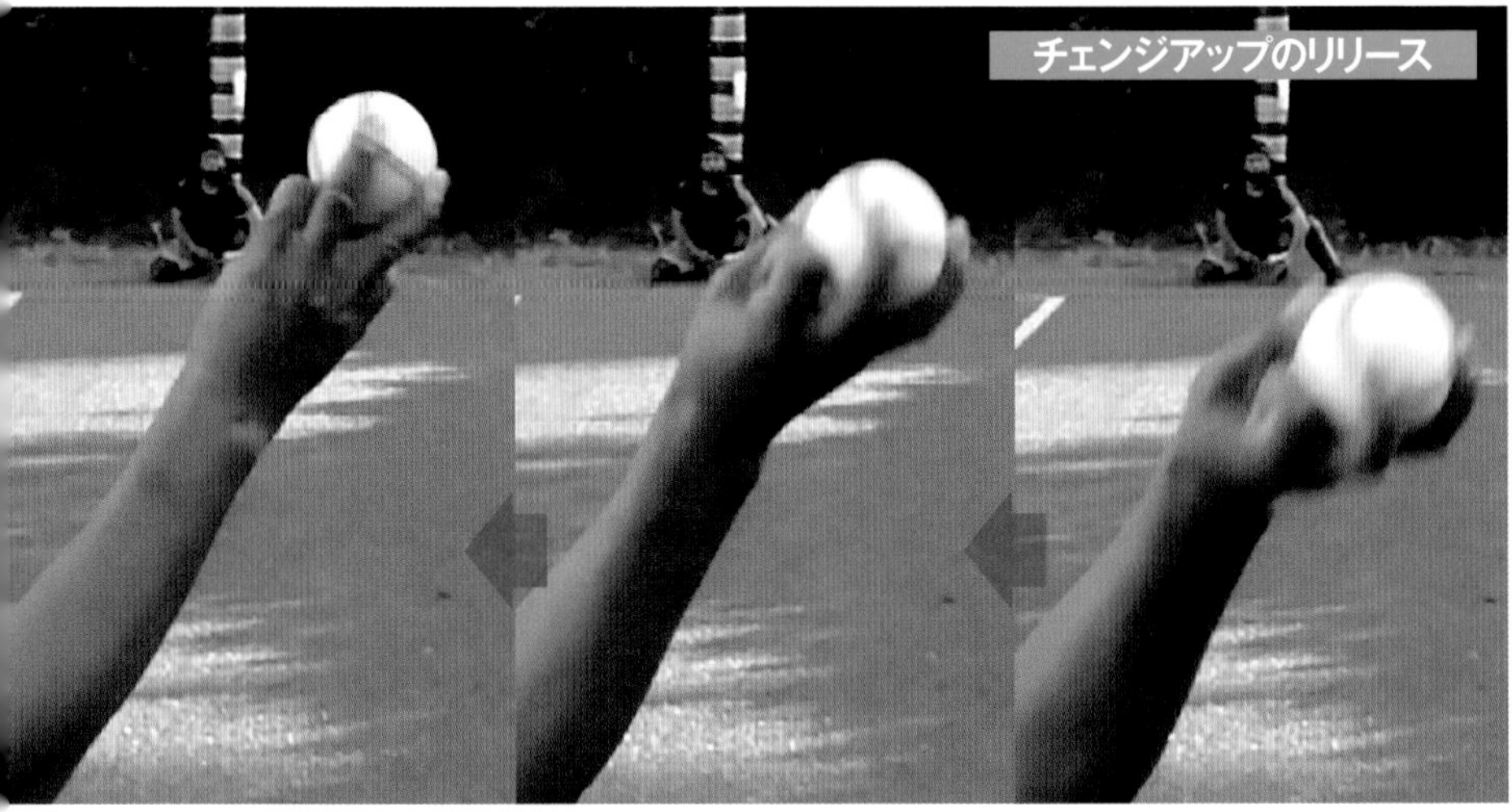

バッターのスイングのタイミングをズラす

野球選手のほとんどは、日ごろの練習でのキャッチボールや送球などを通じて、ストレートの軌道に目が慣れています。これはバッターボックスに入っても同じで、バッターが基準としているのはストレートです。つまり、ストレートの予測速度が自分の感覚値と違うと、バッターが対応できないことを利用するのがチェンジアップです。

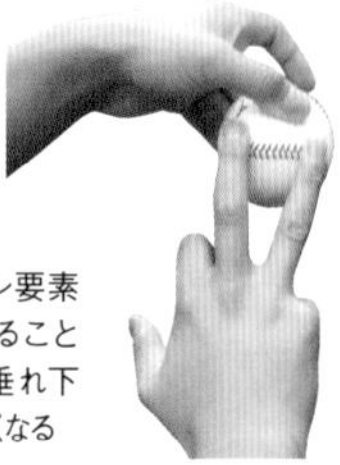

バックスピン要素が大きくなることで軌道の垂れ下がりが小さくなる

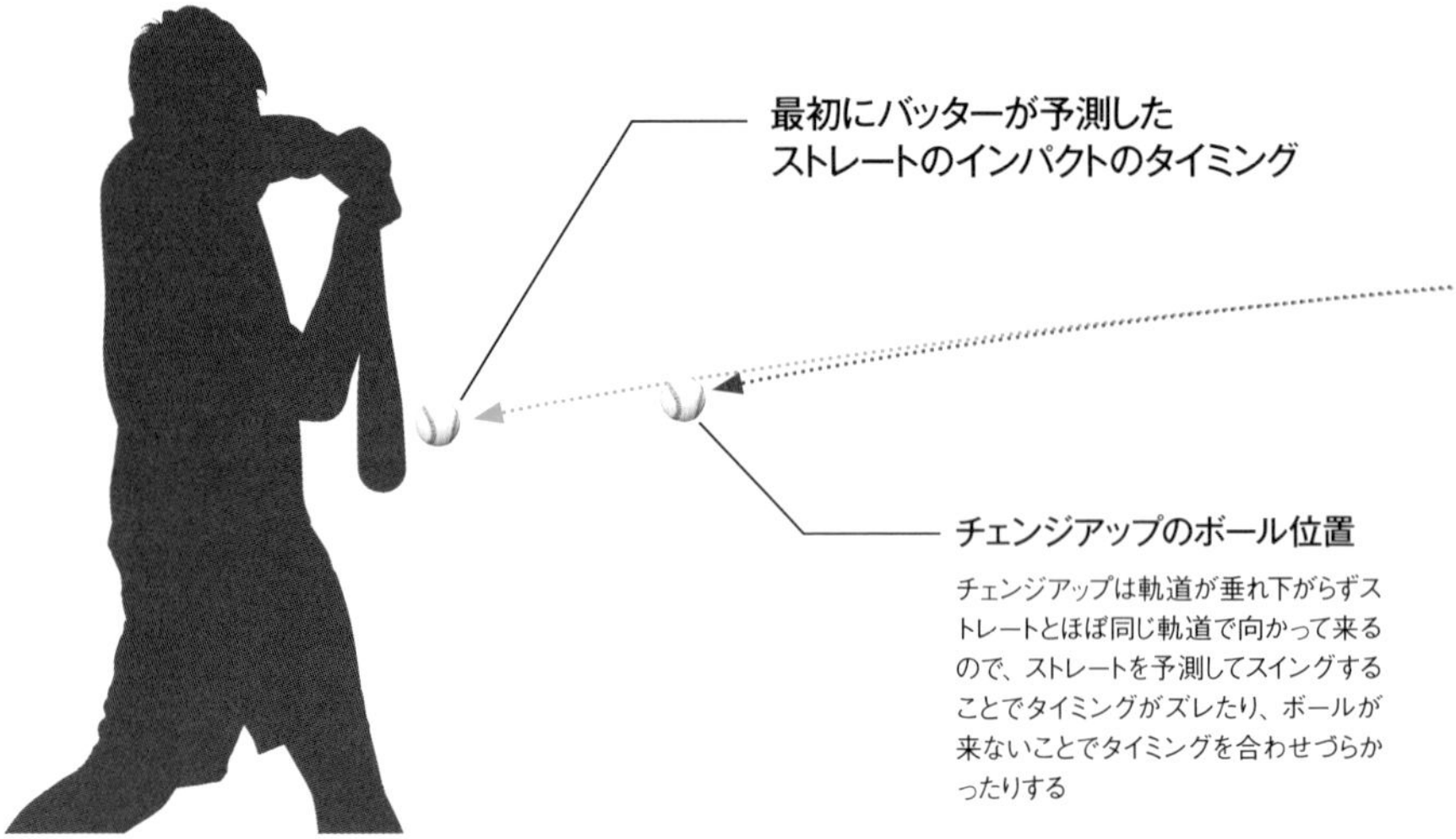

チェンジアップは軌道が垂れ下がらずストレートとほぼ同じ軌道で向かって来るので、ストレートを予測してスイングすることでタイミングがズレたり、ボールが来ないことでタイミングを合わせせづらかったりする

ストレートとほぼ同じ軌道で球速は遅く、重力で沈まないのがチェンジアップ

チェンジアップの軌道

ストレートの軌道

わかっていても打てない 最強の変化球「フォークボール」

ストレートの球速を高めると同時に、落ち幅の大きいフォークボールを身につけることがピッチャーにとって大きな武器となる。

　将来、プロ野球選手を目指しているのであれば、フォークボールを練習して損をすることはありません。あなたが右ピッチャーか左ピッチャーかに関係なく、一流のフォークボールになるとバッターは来るのがわかっていても打てないものです（P.20「3方向の変化」参照）。

　しかし、ストレートの球速が遅いと意味がありません。できる限り速いボールを投げられるようになって、フォークボールをマスターしましょう。

　フォークボールを投げられない人の多くは、バックスピンが強くなってしまうことに原因があります。

　通常、私は中指の内側でボールをこするようにジャイロスピンをかけてリリースしていますが、プロ選手の10人に一人くらいは人差し指の内側でトップスピンをかけることで、落ち幅がすごい無敵のフォークボールを投げています。

人差し指側からリリースするフォークボール

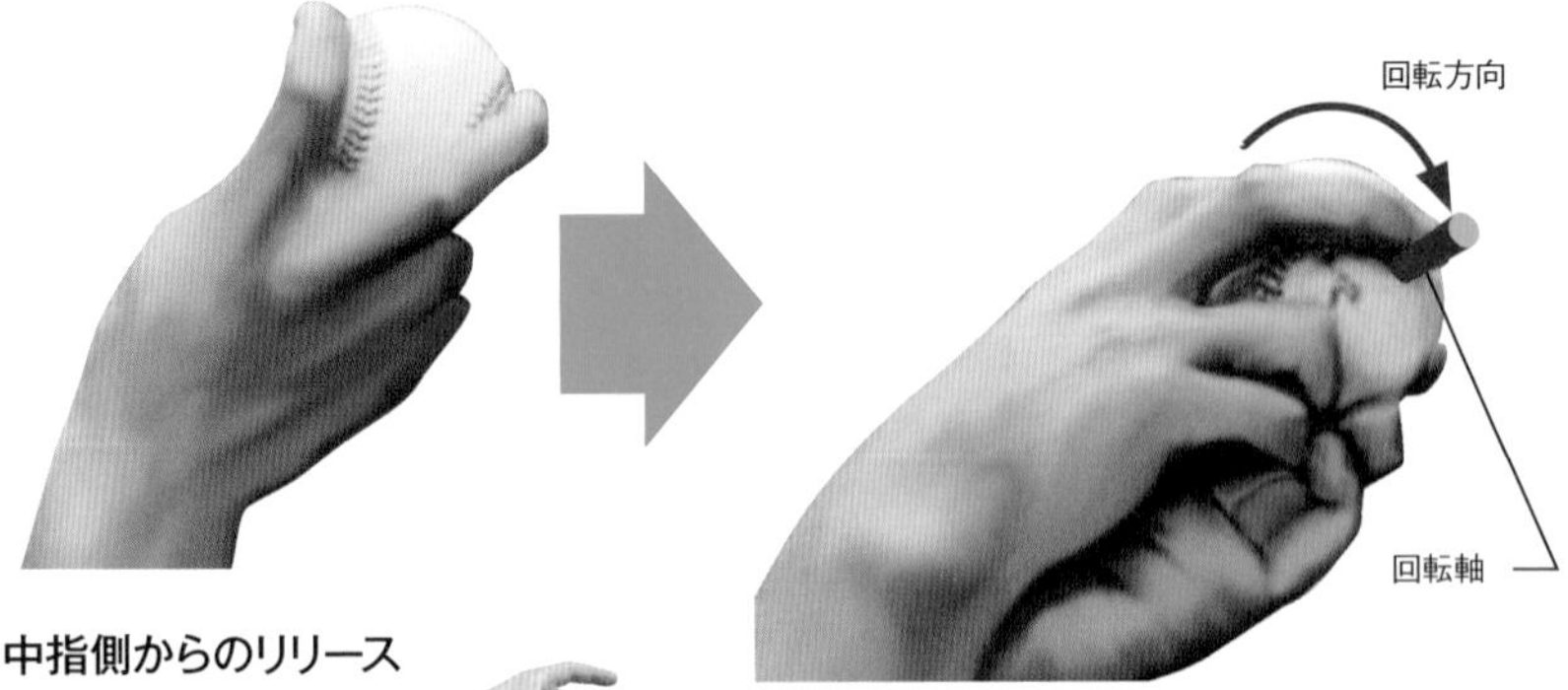

中指で回転軸を固定して人差し指の内側を沿わせてリリースすることでトップスピンがかかり、落ち幅が大きなフォークボールになる

中指側からのリリース

手のひらから押し出されたボールが中指側からリリースされるのが通常のフォークボール

Part 4

変化量の大きい変化球

自らボールに変化を加え、ボールを大きく変化させる

本章では、ストレート軌道からの変化量が大きい変化球を紹介していきます。

前章で紹介した球種は、ストレートに近いフォームから投げたボール自身が変化してくれていたのに対して、大きな変化をさせるボールは、意識してボールに変化を加えるため、なかにはストレートとは投げ方が少し異なる球種もあります。

一般的にジャイロ成分が高いとストレート軌道になりますが、なかにはスイーパーのように、カットボールなどよりジャイロ成分を多く含んでいても変化量が大きい球種もあります。

スイーパーや縦スライダーのように、他の変化球とのコンビネーションで変化量を大きく見せる変化球、実際の変化量が大きいカーブやナックルカーブのようにバッターの目線を変えるなど、球種によって使い方が異なります。

本章で紹介する変化球のピッチャーから見た変化

※著者・内田聖人（右・スリークォータースロー）の場合

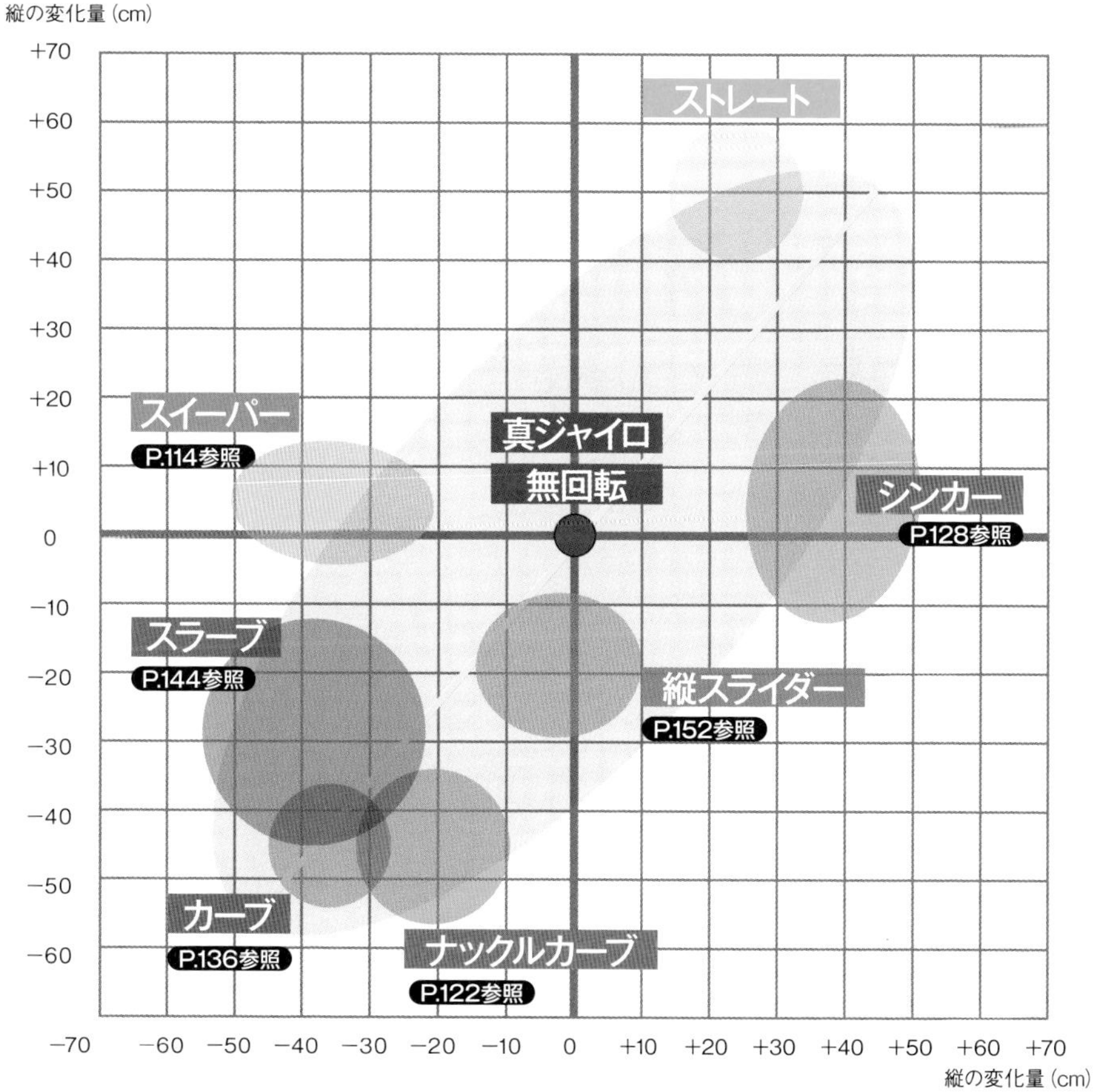

本章で紹介する各変化球の回転効率

01 スイーパー	20 ～ 50%	04 カーブ	80～100%
02 ナックルカーブ	70 ～ 90%	05 スラーブ	65 ～ 85%
03 シンカー	70 ～ 90%	06 縦スライダー	0 ～ 30%

LARGER AMOUNT OF CHANGE 01

フライボール革命以降、MLBで話題となった球種

あまり沈まずに大きく曲がるのがスイーパー

スイーパーとは、横に大きく変化するボールですが、あまり沈まないのが特徴です。長距離バッターにとっては、あまり沈まずに大きく真横に変化するため、従来のスライダーの変化に対する予測と異なるため、下から出るバット軌道を合わせにくい変化球となります。

ボールの握りはツーシームで、ストレートとは投げ方も変わります。サイドスピンをきっちりかけたいので、手のひらを寝かせて、ボールを巻き込むように投げていきましょう。手のひらを上に向けて投げに行くことで、遠心力でリリースのときに手の先端は外側に向いていきます。手のひらを上に向け、ブーメランを投げるイメージで体を回すように使いましょう。ひじが抜けやすく、ケガにもつながりやすいボールなのでフォームにはつねに注意が必要です。

腕だけ使って投げようとするとボールが弱くなってしまいます。通常のフォームより自分が下に沈みながら、重心を下げて、ボールの奥側を巻くようにすることが大切です。リリース位置もストレートと比べると、かなり低い位置になるはずです。

ボールを上から縦に切ってしまうと、サイドスピンがかからずに、ジャイロスピンが強いボールになってしまいます。ツーシームでしっかり回転をかけられるように練習しておきましょう。

手のひらを横に回転させて 軸を右に向けてジャイロスピンをかける

ピッチャー側から見たボールの回転

※右ピッチャー（スリークォータースロー）の例

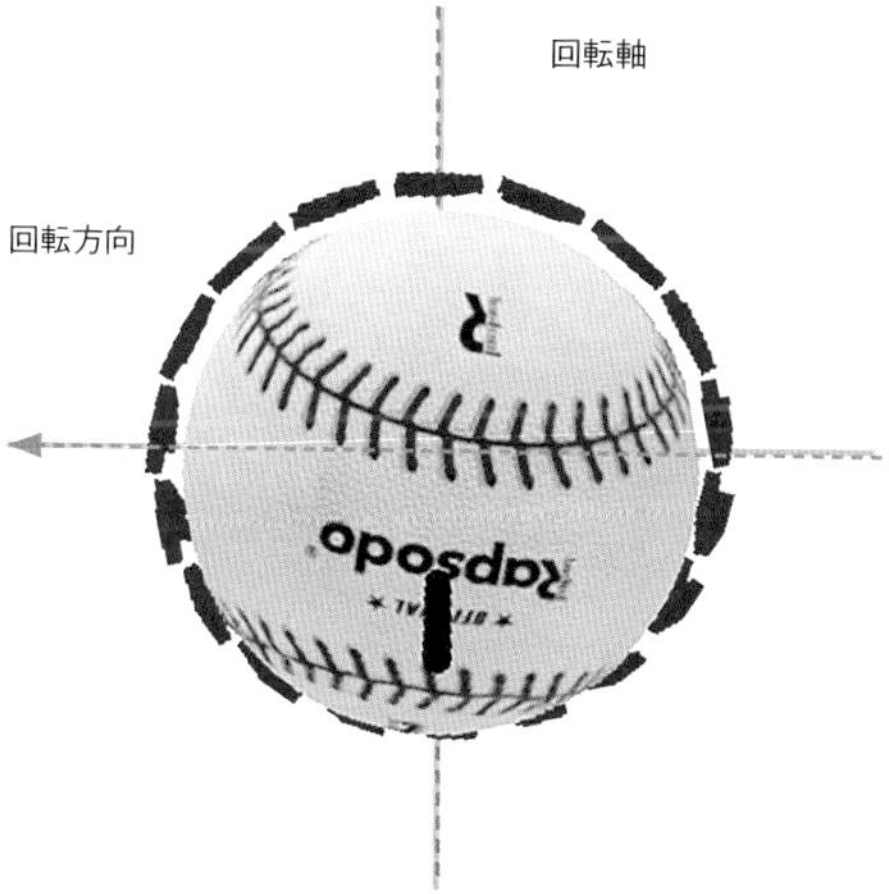

※ピッチングフォームによって軸の角度は異なる（17ページ参照）
※左ピッチャー（スリークオータースロー）の場合は左右対称になる

目安となる数値

球速

ストレート −20 km/h

回転方向

09:00

回転効率

20 ～ 50 %

スピン量

ストレート +0 ～ 300 RPM

変化量

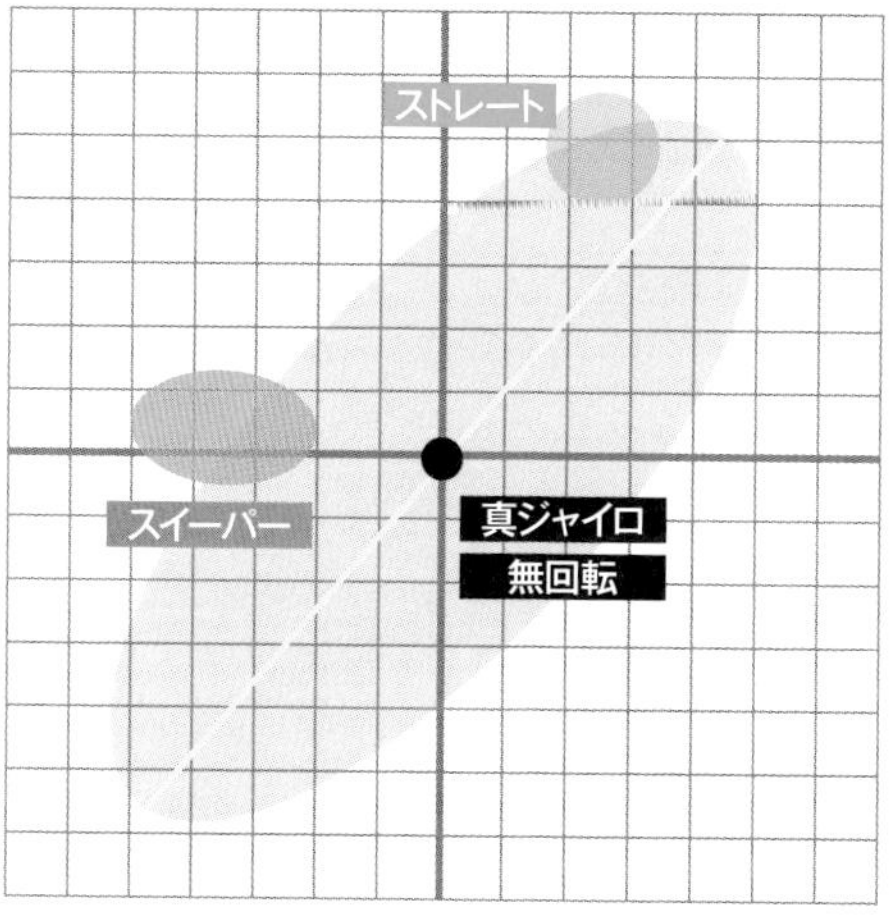

ピッチングフォームの注意点

NG ひじが体より前に出る

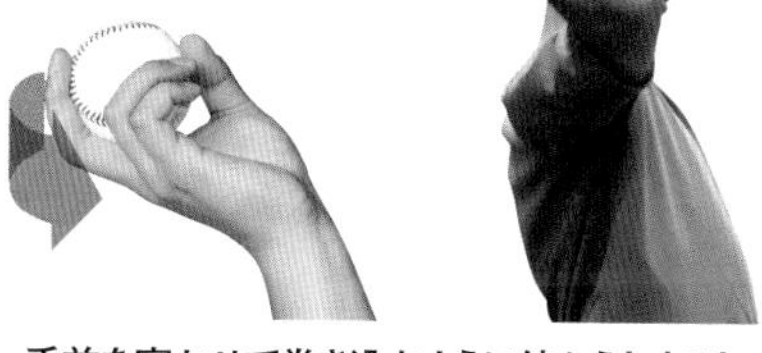

ひじが前に出るフォームで投げるとケガのリスクが高くなるので注意が必要

手首を寝かせて巻き込むように使おうとすると、ひじが出やすくなるので、体を回すようにすることが大切です。

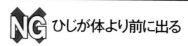

スイーパーの握り方

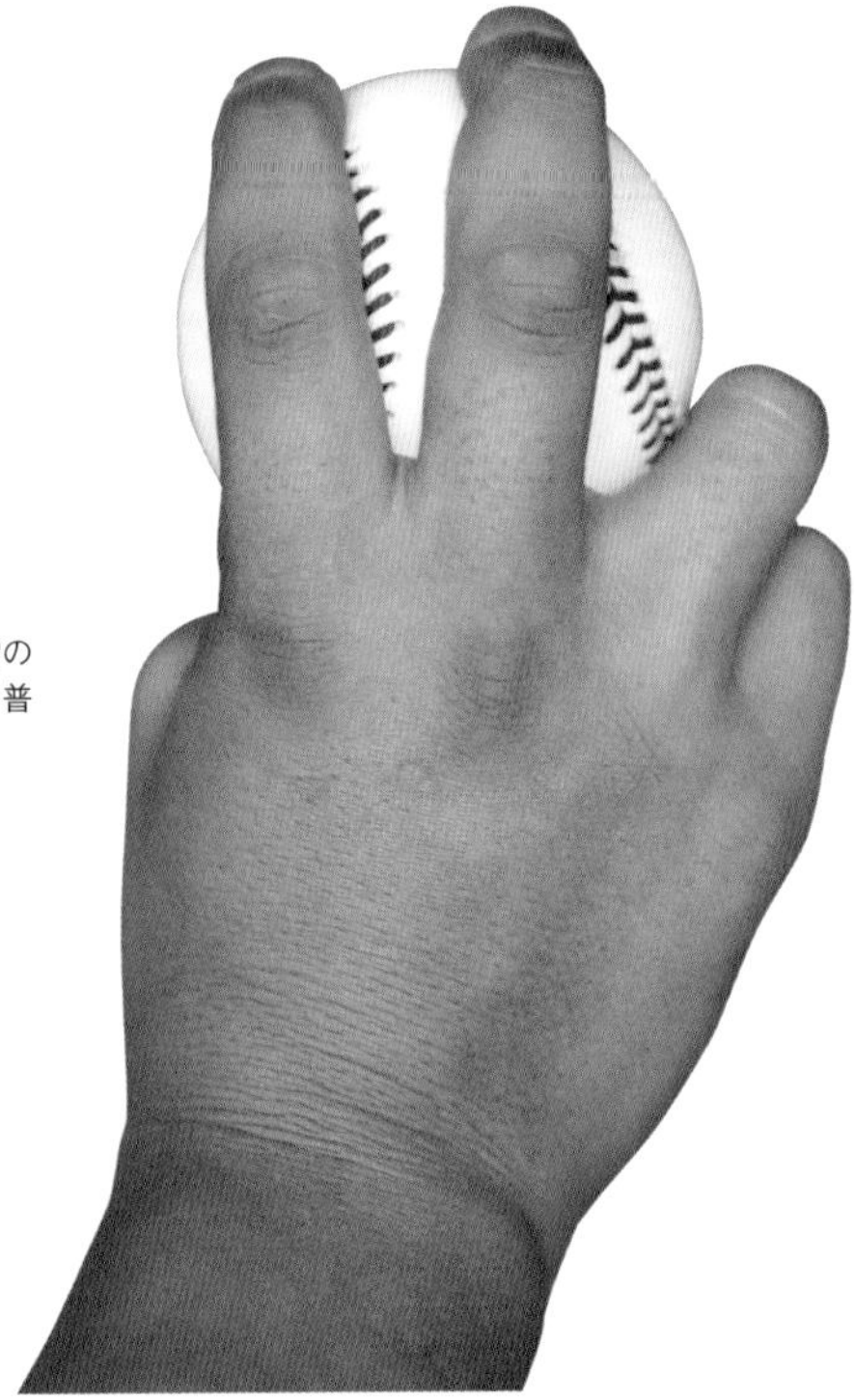

握り方は通常のツーシームで普通に握る

リリースで手のひらが上に向くように手首を背屈させる

スイーパーの変化の軌道

重心を下げて沈み込んで手のひらを横に回転させる

球種ごとの特性を決定する「回転軸」と「回転効率」

重心の沈み込みは10cm程度。並進動作の際に少しだけ下に潜り込むイメージで投げると、手のひらを横に回しやすくなります。

ストレートより横からのリリースになる

スイーパーでは、手のひらを横回転させるため、腕を振る角度もストレートに比べて横になり、リリースポイントも低くなります。

ストレート　スイーパー

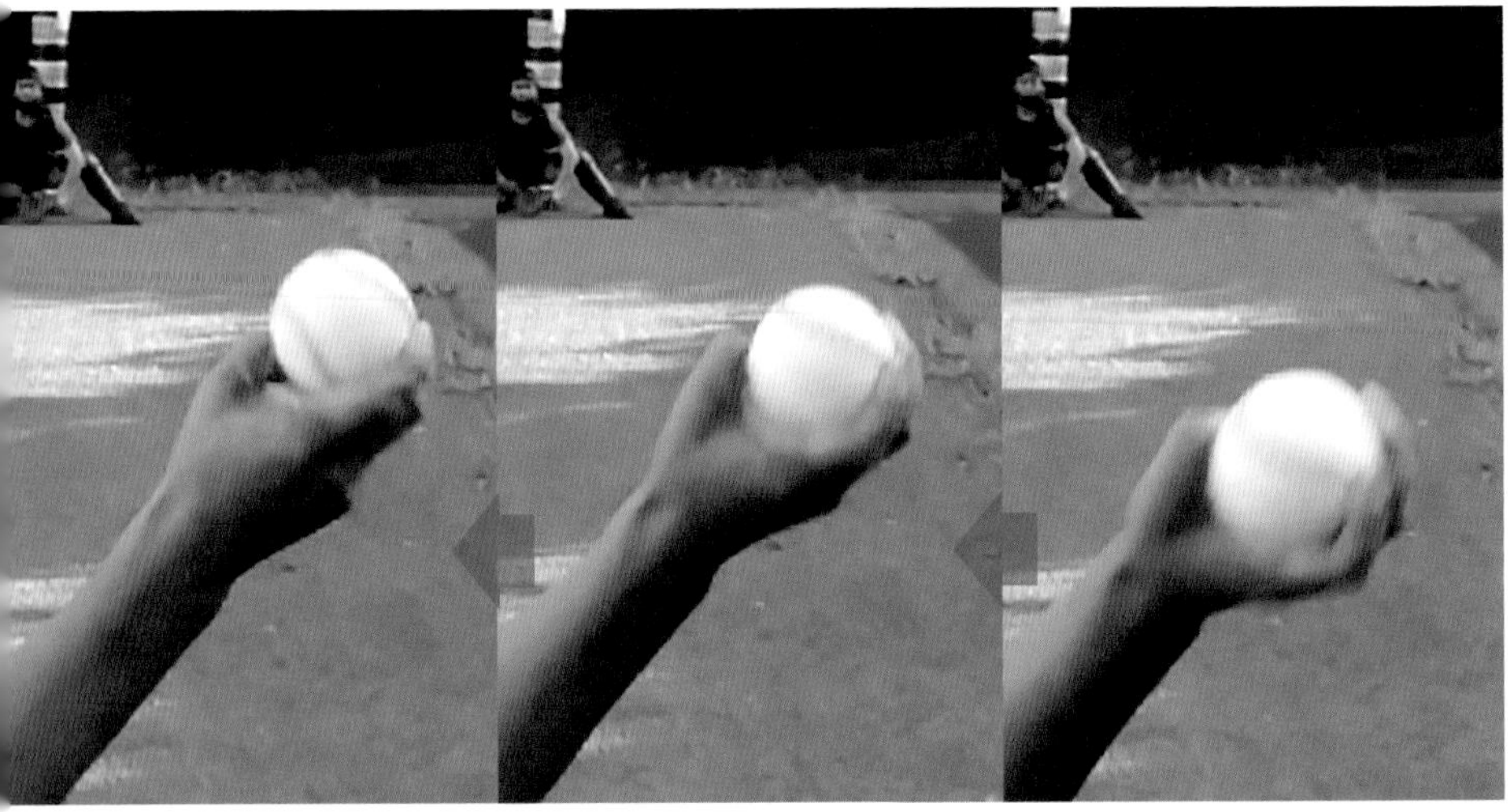

手のひらを上に向けて外側から回しながら
ボールの横から回転をかける

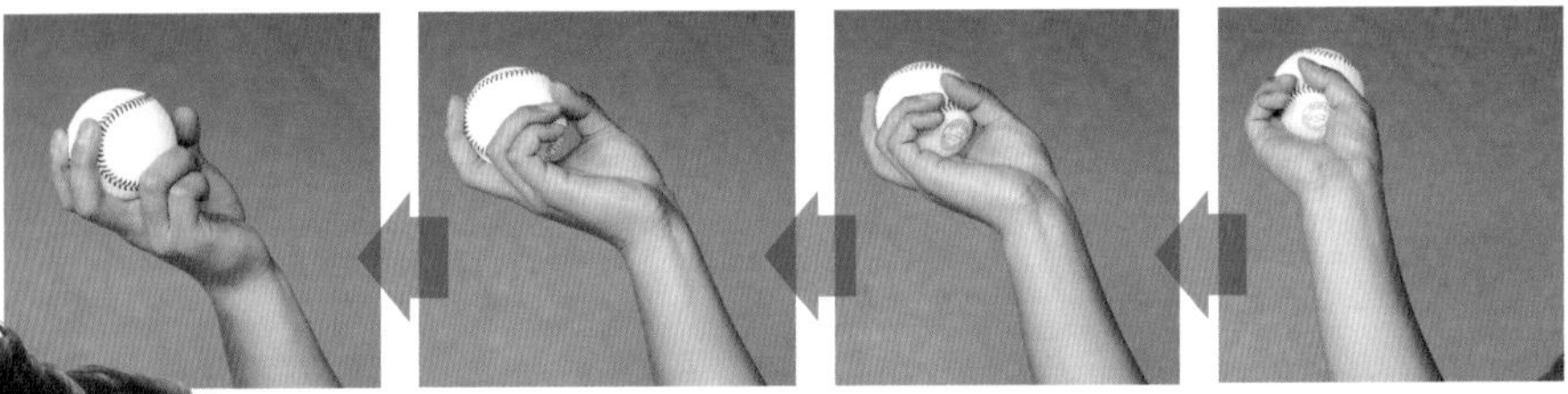

リリースの腕の位置

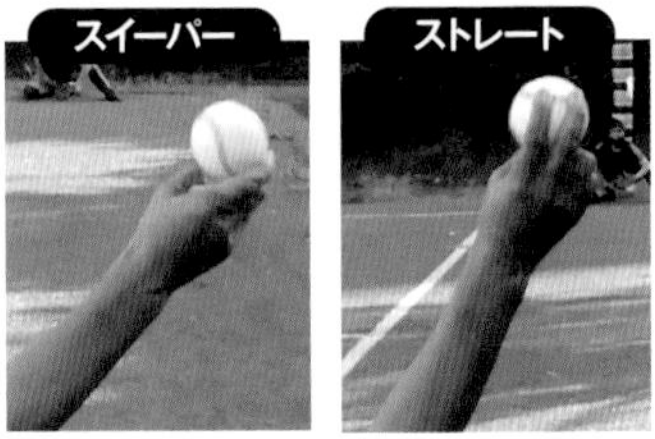

スイーパーでは手を横から巻き込むように使いたいので、ストレートに比べると、かなり横からのリリースになります。人差し指と中指をしっかりボールにかけて、サイドスピンをかけていきましょう。

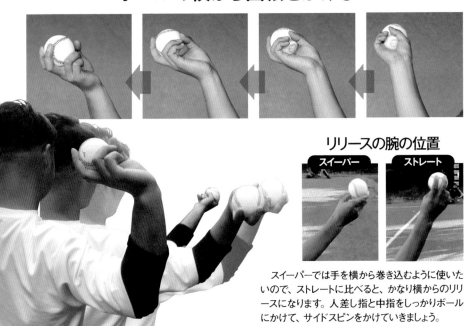

NG ボールを縦に切るリリース

ボールを縦に切ってしまうとジャイロスピンだけのボールになってしまう

ボールを巻き込むように手前からサイドスピンをかける

LARGER AMOUNT OF CHANGE 02

立てた人差し指でボールに回転を加える

カーブ同様の変化量で球速のあるナックルカーブ

ナックルカーブは、変化量が大きく、カーブより球速が速い変化球です。ナックルカーブでは、リリースのときに人差し指でボールを弾くので、そのぶんカーブよりも強さが出ます。

リリースの方法が独特でリリース位置も変わり、発射角度がストレートよりも大きくなりますが、できるだけストレートに近づけることが大切です。それ以外は他の球種と同様の投げ方になります。

腕を通常より少し強めに縦に振るように投げることで、カーブよりも強さを出すことができます。

ナックルカーブでは、人差し指を立てて、中指をシームにかけて握ります。そして、立てている人差し指でボールを弾くようにプッシュしてリリースします。リリースでは、ボールを押さえている中指で回転軸をつくって人差し指でボールに推進力の強さを与えます。リリースでのプッシュのタイミングは非常に難しいので練習が必要です。

プッシュばかり練習していると徐々に中指が手前になって回転効率が下がります。変化量が小さくなるので、弱いスライダーのようになってしまいます。

指先ばかりに意識がいくと腕の振りが弱くなってしまいます。逆に腕の振りの意識が強いと、人差し指を使えずにただ立てているだけになってしまうので注意しましょう。

人差し指でボールを押し出すぶん カーブより球速が速くなる

ピッチャー側から見たボールの回転

※右ピッチャー（スリークオータースロー）の例

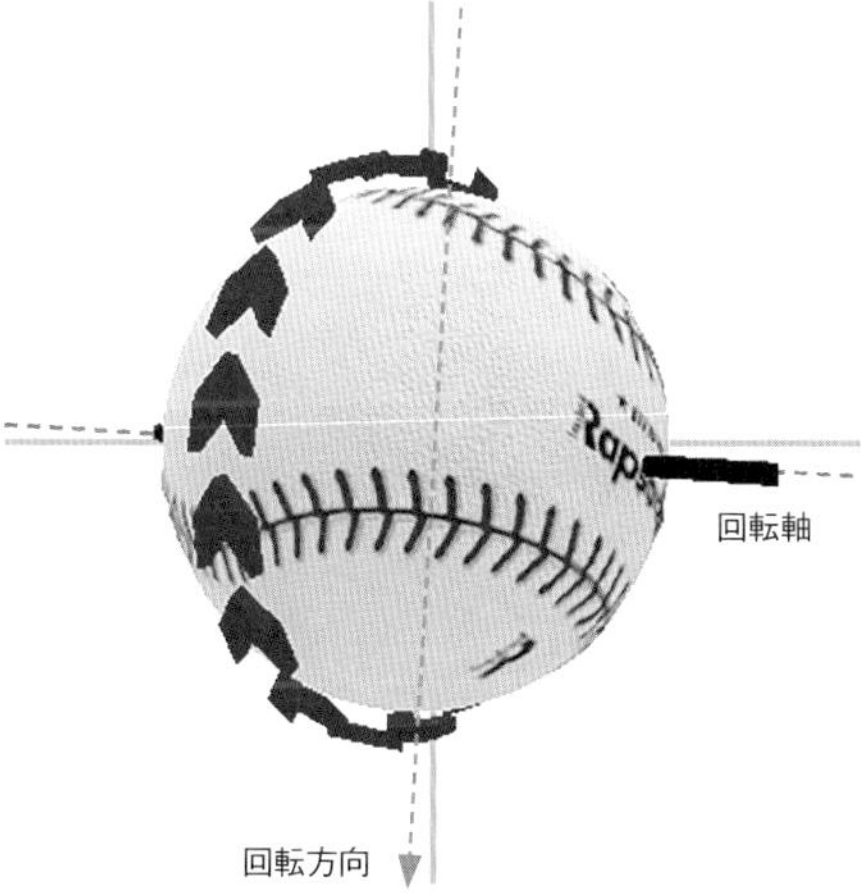

※ピッチングフォームによって軸の角度は異なる（17ページ参照）
※左ピッチャー（スリークオータースロー）の場合は左右対称になる

目安となる数値

球速

ストレート －30 km/h

回転方向

06:00 ～ 06:30

回転効率

70 ～ 90 %

スピン量

ストレート －300 ～500 RPM

変化量

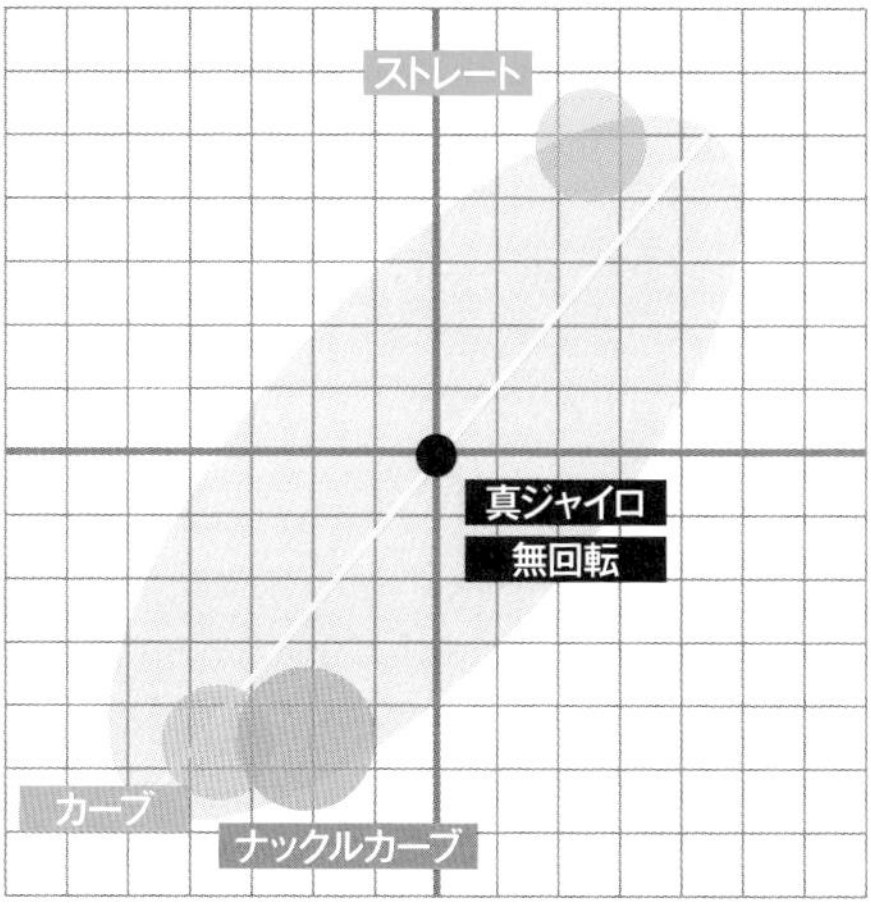

ナックルカーブの発射角度

カーブの一種なので、発射角度はストレートより大きくなりますが、できる限りストレートの発射角度に近づけることでより効果的な変化球になります。

ナックルカーブ

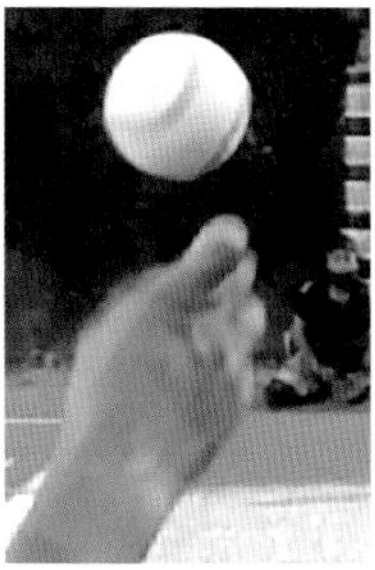

ストレート

ナックルカーブの握り方

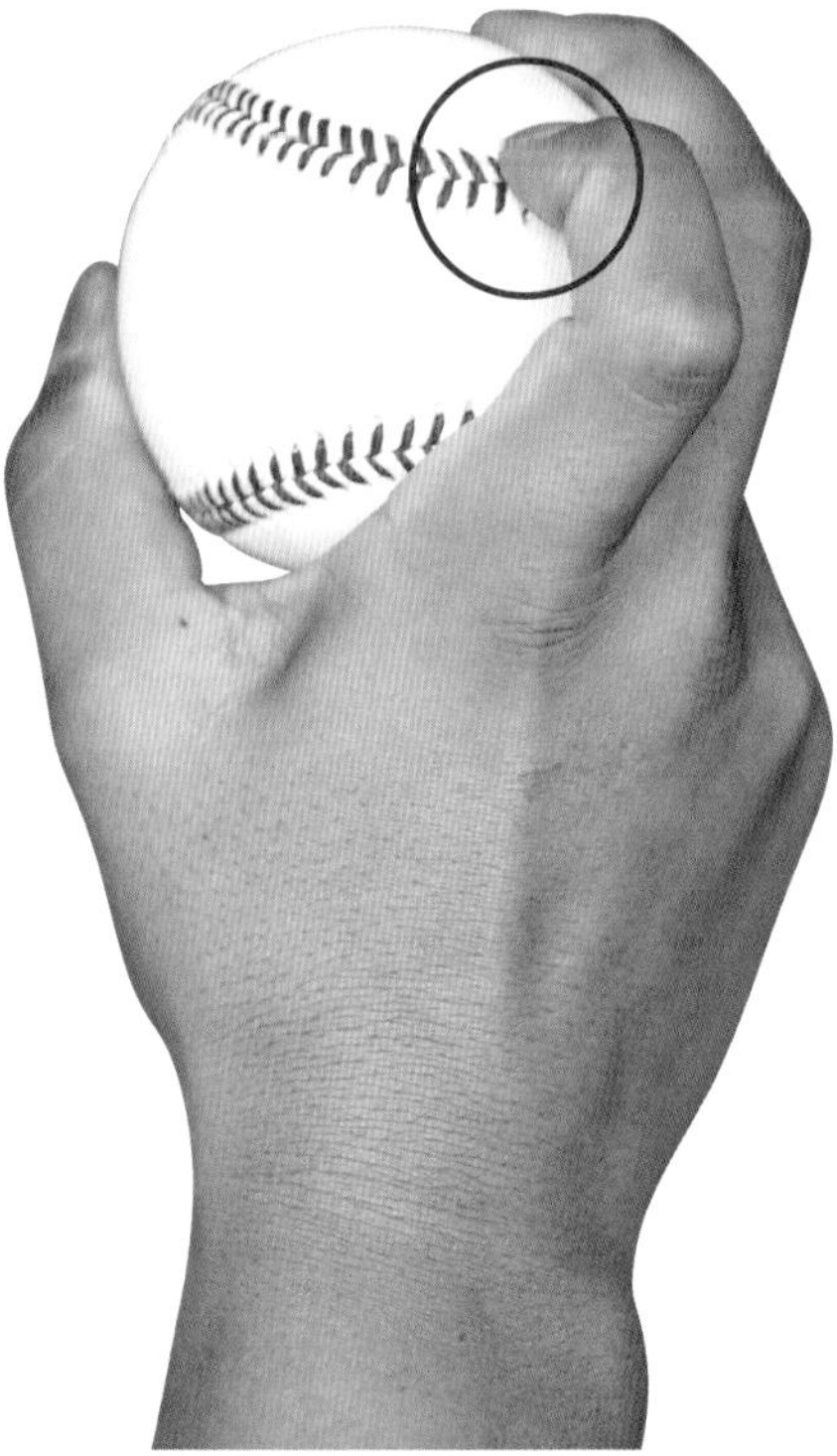

握り方は、中指を縫い目（シーム）にかけ、人差し指を立てて指先をシームにかける

リリースでは、シームにかけた中指で回転させ、人差し指で推進の強さをつくるイメージ

ナックルカーブの変化の軌道

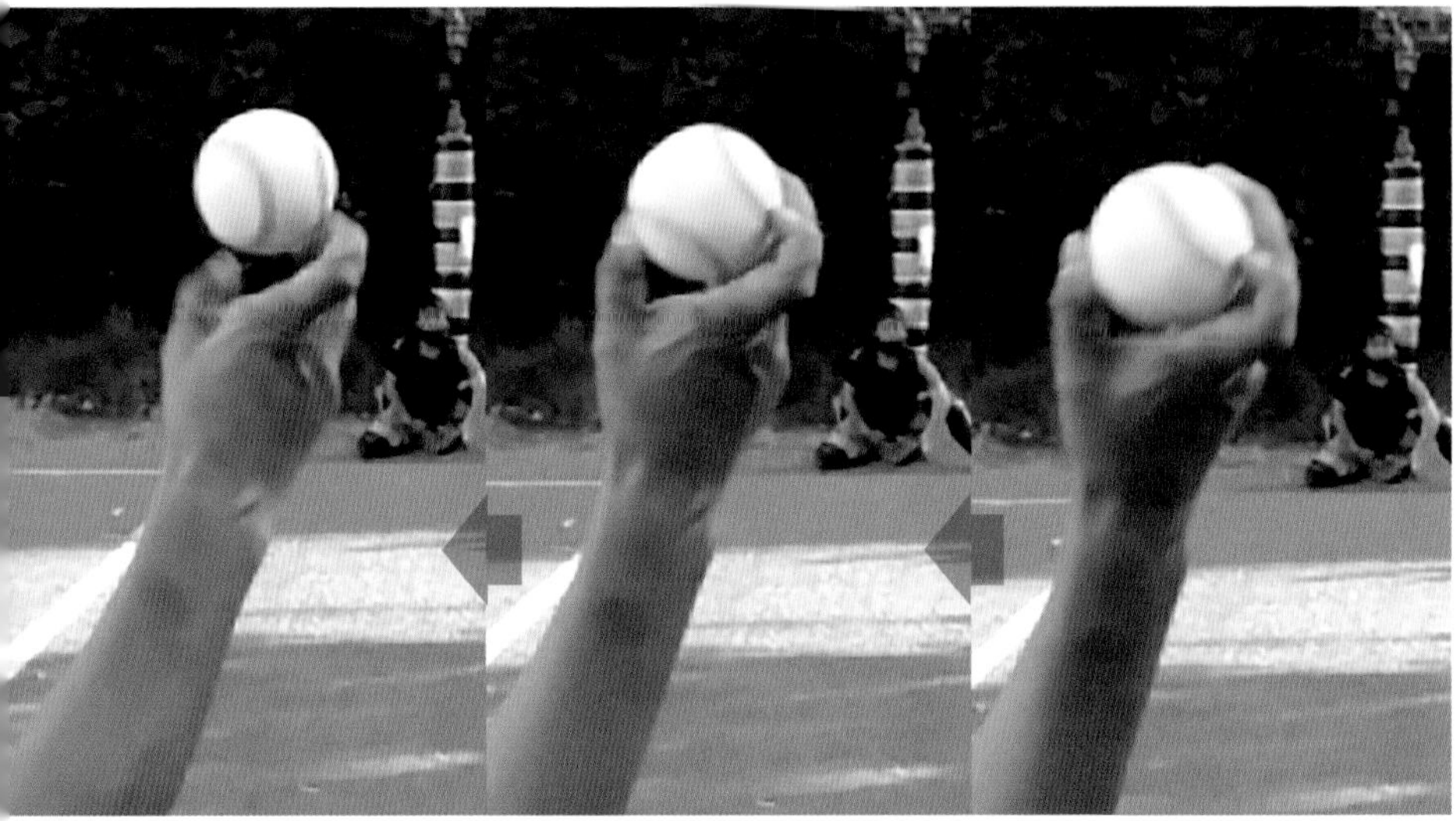

リリースでは中指でボールを押さえながら人差し指でプッシュしてボールを回転させる

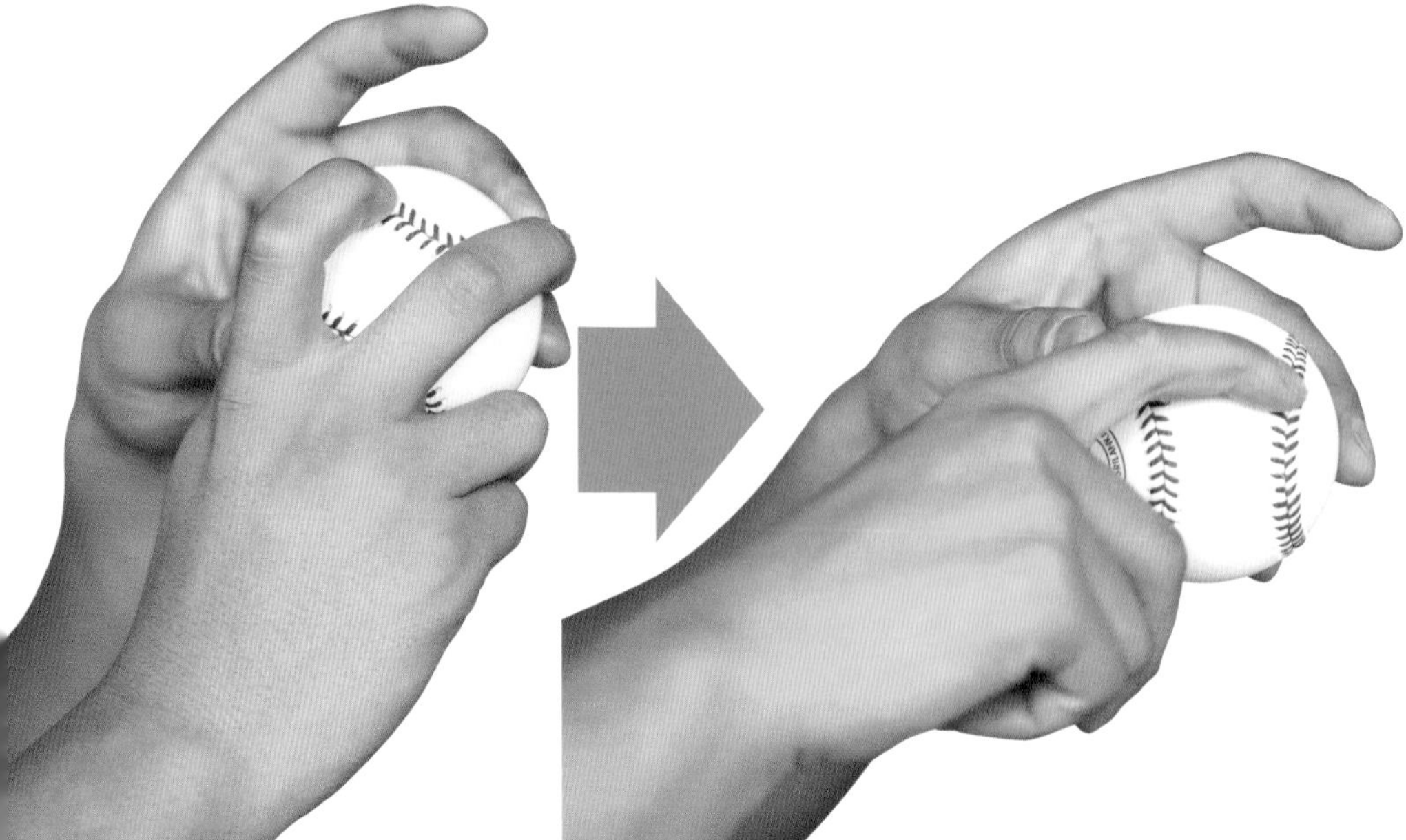

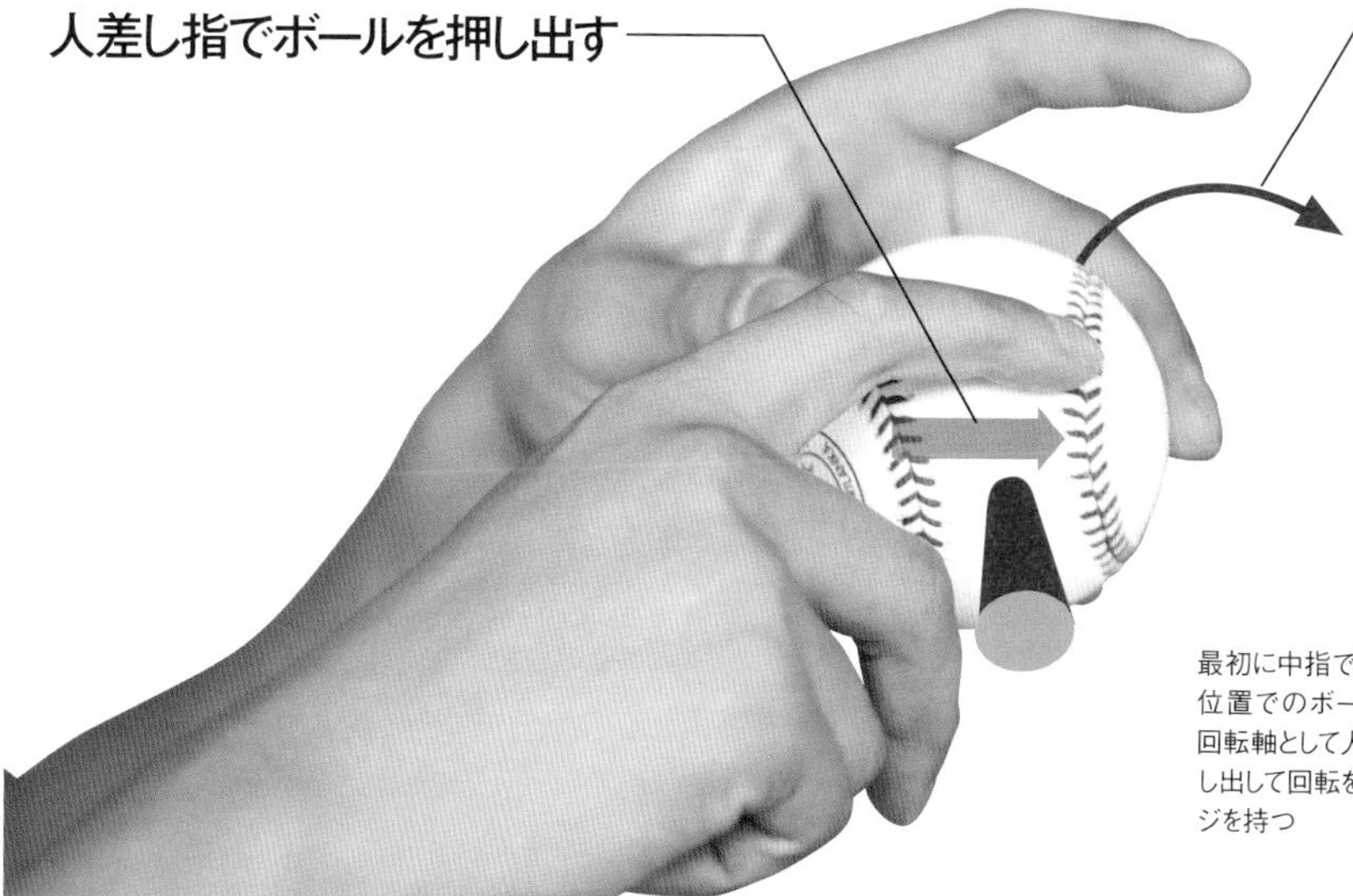
中指で回転軸をつくる
人差し指でボールを押し出す

最初に中指で押さえていた位置でのボールの中心を回転軸として人差し指で押し出して回転をかけるイメージを持つ

LARGER AMOUNT OF CHANGE 03

大きい変化のチェンジアップ

変化の**予測値**から**外れた**威力のある**シンカー**

スライダーと逆方向に沈むボールがシンカーです。シンカーには、①上から投げて曲げるシンカー、②2シームを沈ませるシンカーの2種類があり、②は握りだけ変えて投げ方はストレートと同じになります。私の考えでは、大きいシンカーと大きいチェンジアップは同じイメージで、無理して修得する変化球ではないと考えています。

私の場合は投げ方が少し特殊なのですが、中指と人差し指を左側に倒して（腕の内旋）、シュート方向のサイドスピンをかけるイメージです。

ボールを中指と薬指でしっかり挟んだところから、リリースに向けて腕を内側に内旋させて、中指の内側でリリースするイメージです。腕を内旋させて、リリースでボールの左側面をなでることが大切です。ゼスチャーでは簡単ですが、実際に修得するには非常に難しい技術です。

シンカーは大人で投げるピッチャーはごくわずかで、闇雲に投げようとするとにケガにつながる危険があります。学生や若年層特有の関節のやわらかさがあるから投げられるボールのように思えます。どうしても投げたいのであれば、本書で紹介しているチェンジアップ（小さいシンカー）を練習した方がいいでしょう（104ページ参照）。

同じ落ちるボールでもスプリットやフォークボールとは回転成分が異なる

ピッチャー側から見たボールの回転

※右ピッチャー（スリークオータースロー）の例

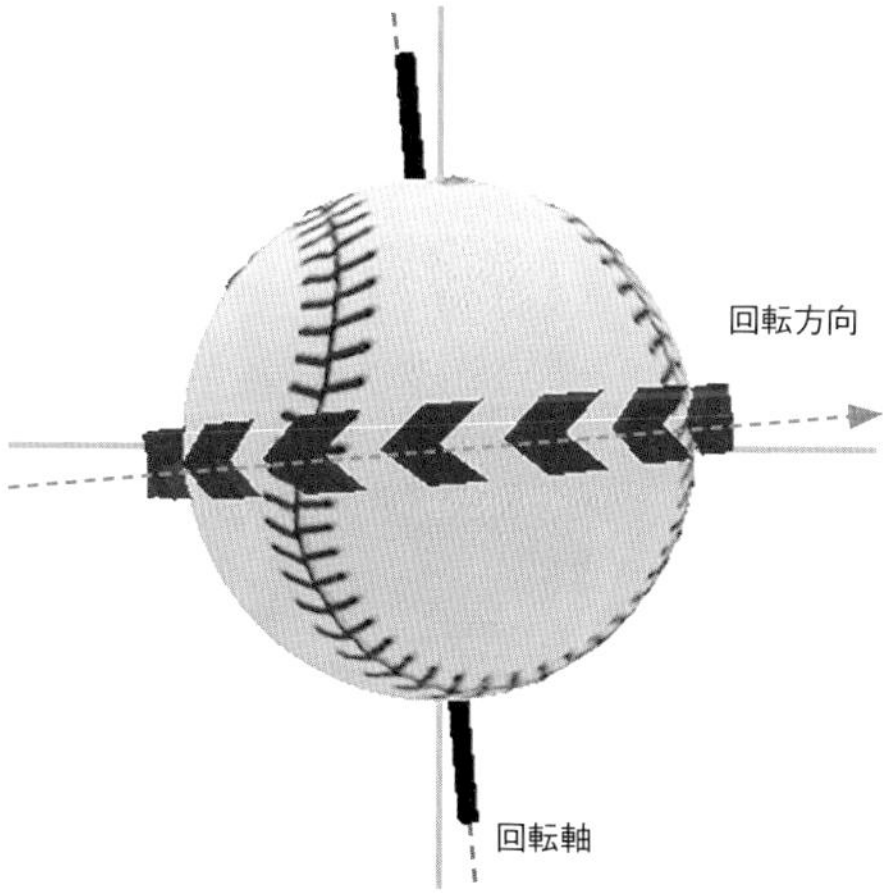

※ピッチングフォームによって軸の角度は異なる（17ページ参照）
※左ピッチャー（スリークオータースロー）の場合は左右対称になる

目安となる数値

球速	
ストレート	－30 km/h

回転方向
02:30 ～ 03:00

回転効率
70 ～ 90 %

スピン量	
ストレート	－400 ～ 600 RPM

変化量

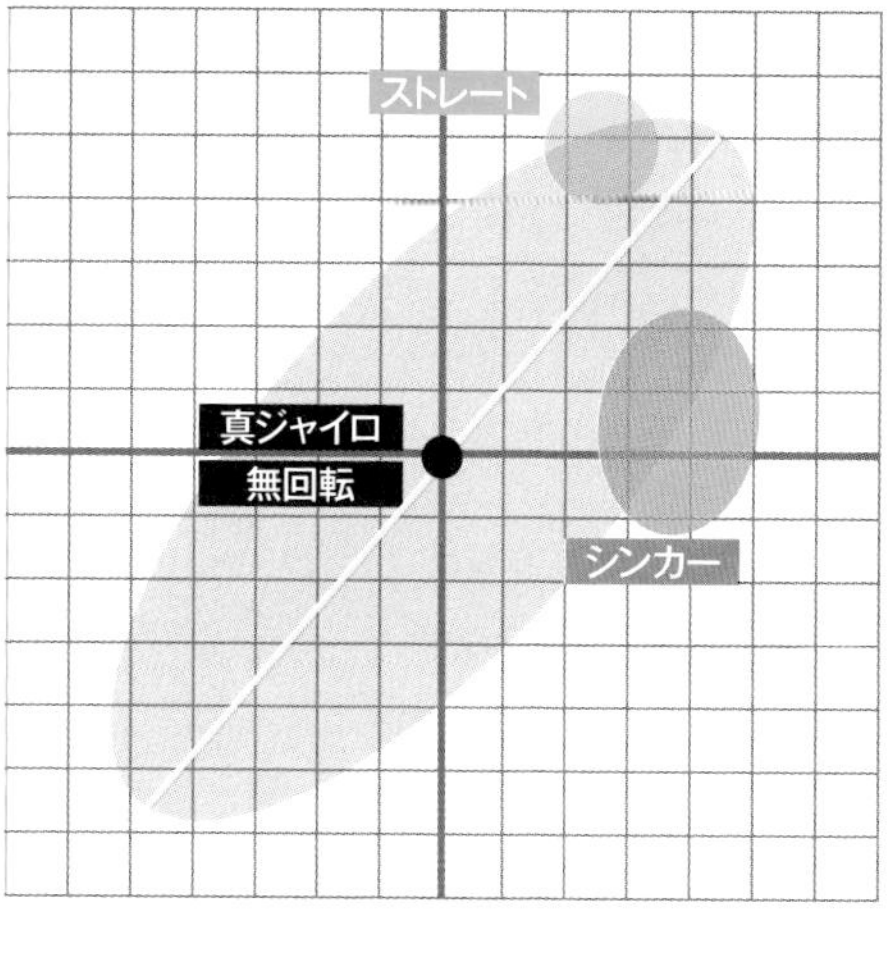

スプリットの回転方向

同じ沈むボールでも、シンカーの回転方向はスプリットやフォークボールより水平に近くなります。

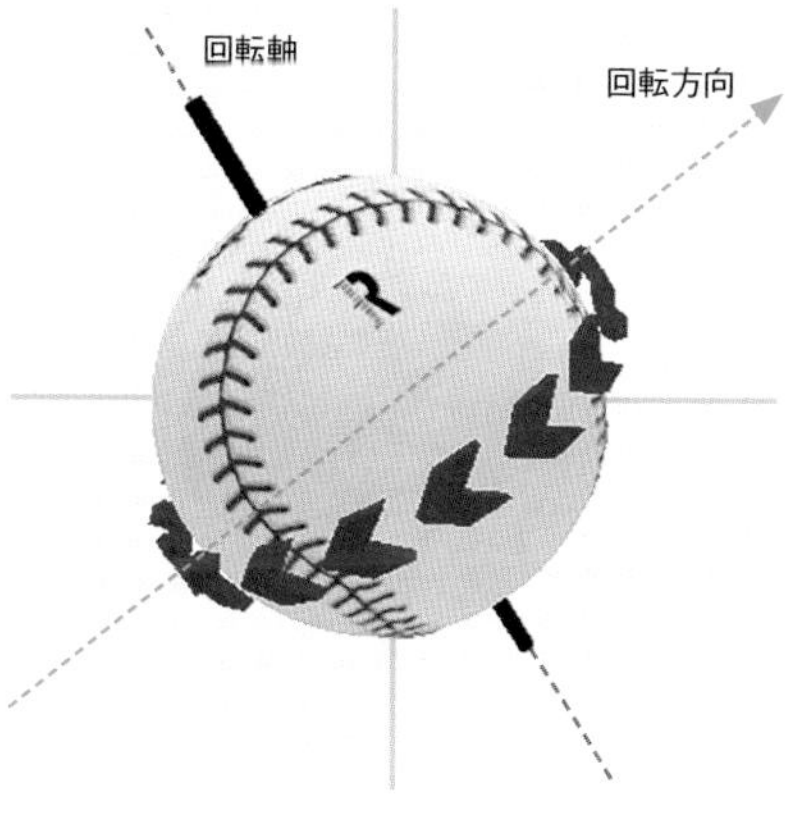

シンカーの握り方

チェンジアップの握り

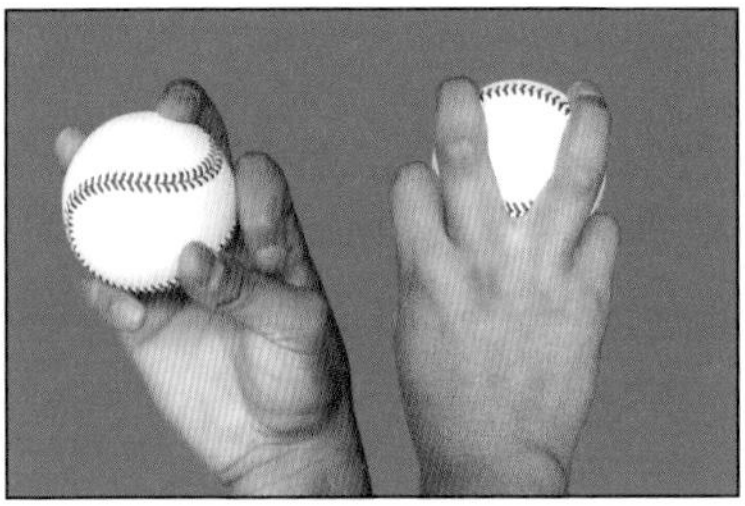

チェンジアップ（P.104参照）では4シームで握る

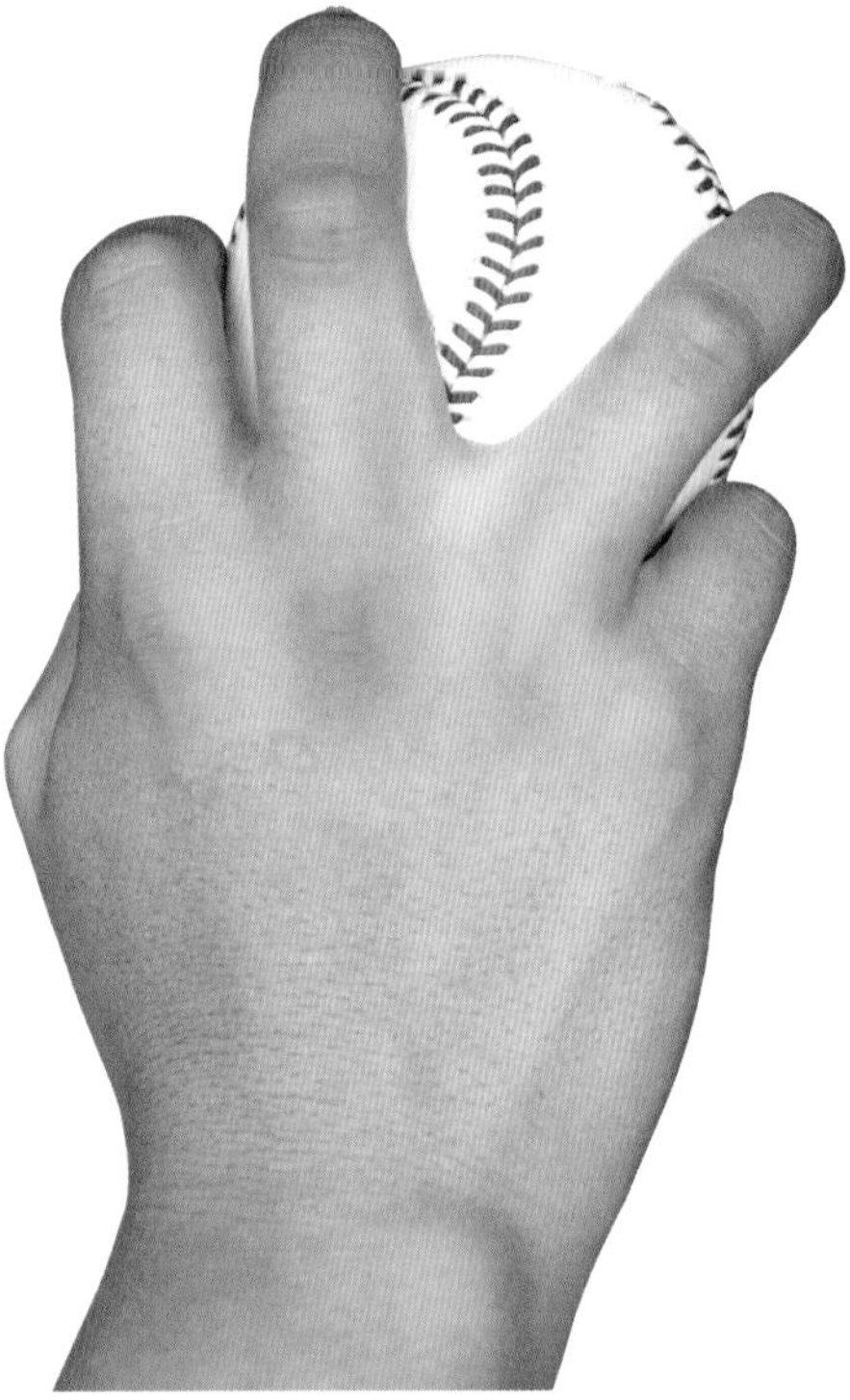

前述のチェンジアップ（106ページ参照）よりも中指と薬指で深く挟んで握る

シンカーの変化の軌道

シンカーは腕を内旋させて シュート回転をかける

腕の内旋が必要なので無理は禁物

シンカーは腕を内側にひねって投げるため、関節の柔軟性なども必要になります。ケガを覚悟してまで修得すべき変化球ではないので、無理をする必要はありません。

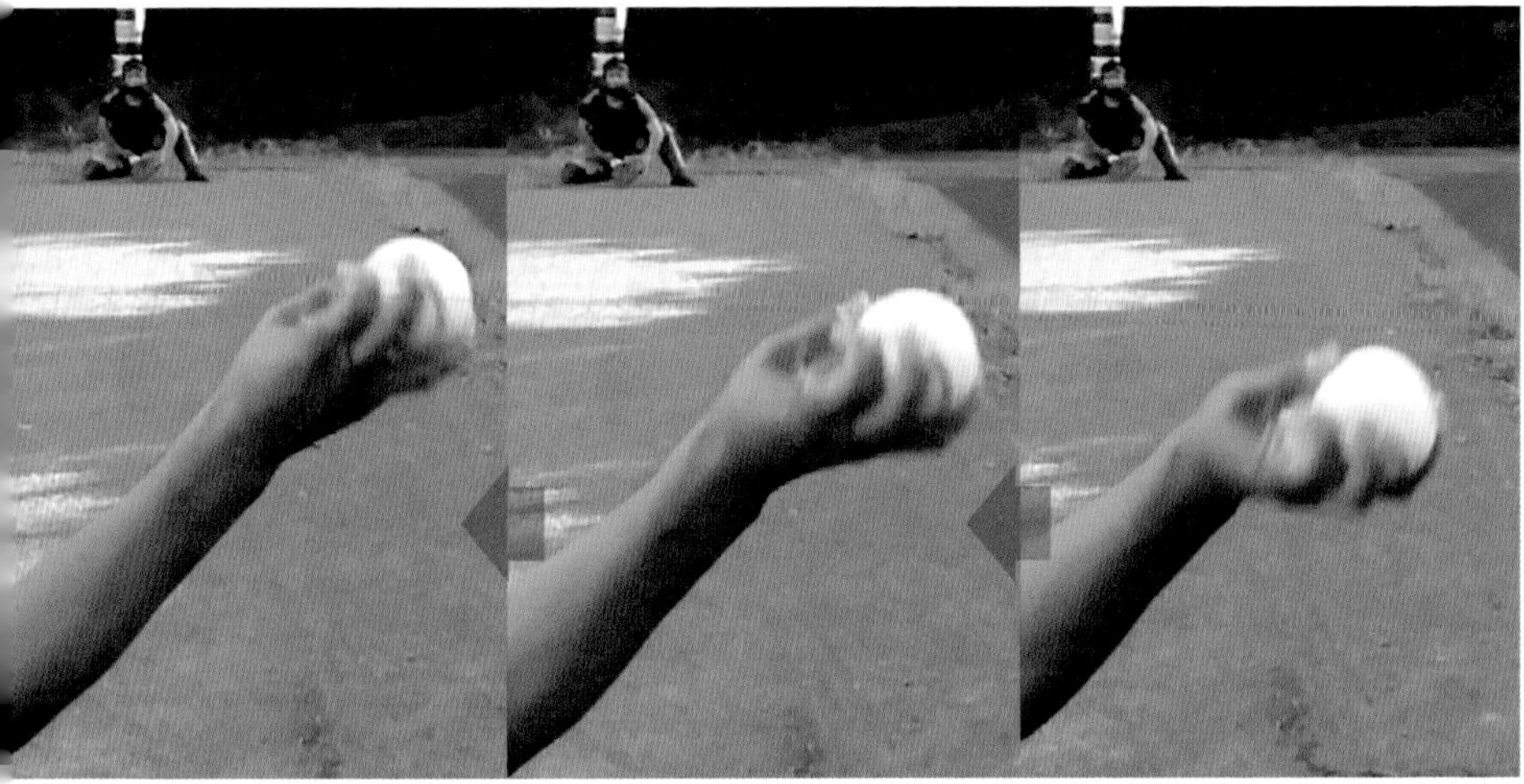

リリースに向けて腕を内旋させ、
中指の内側でボールにシュート回転をかける

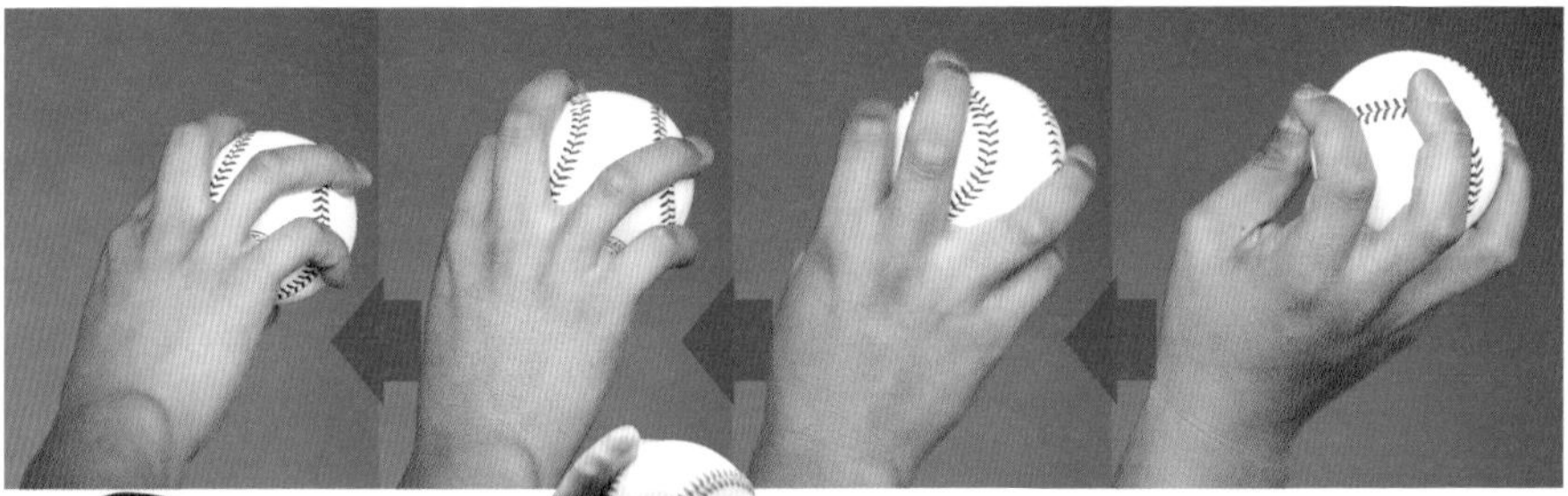

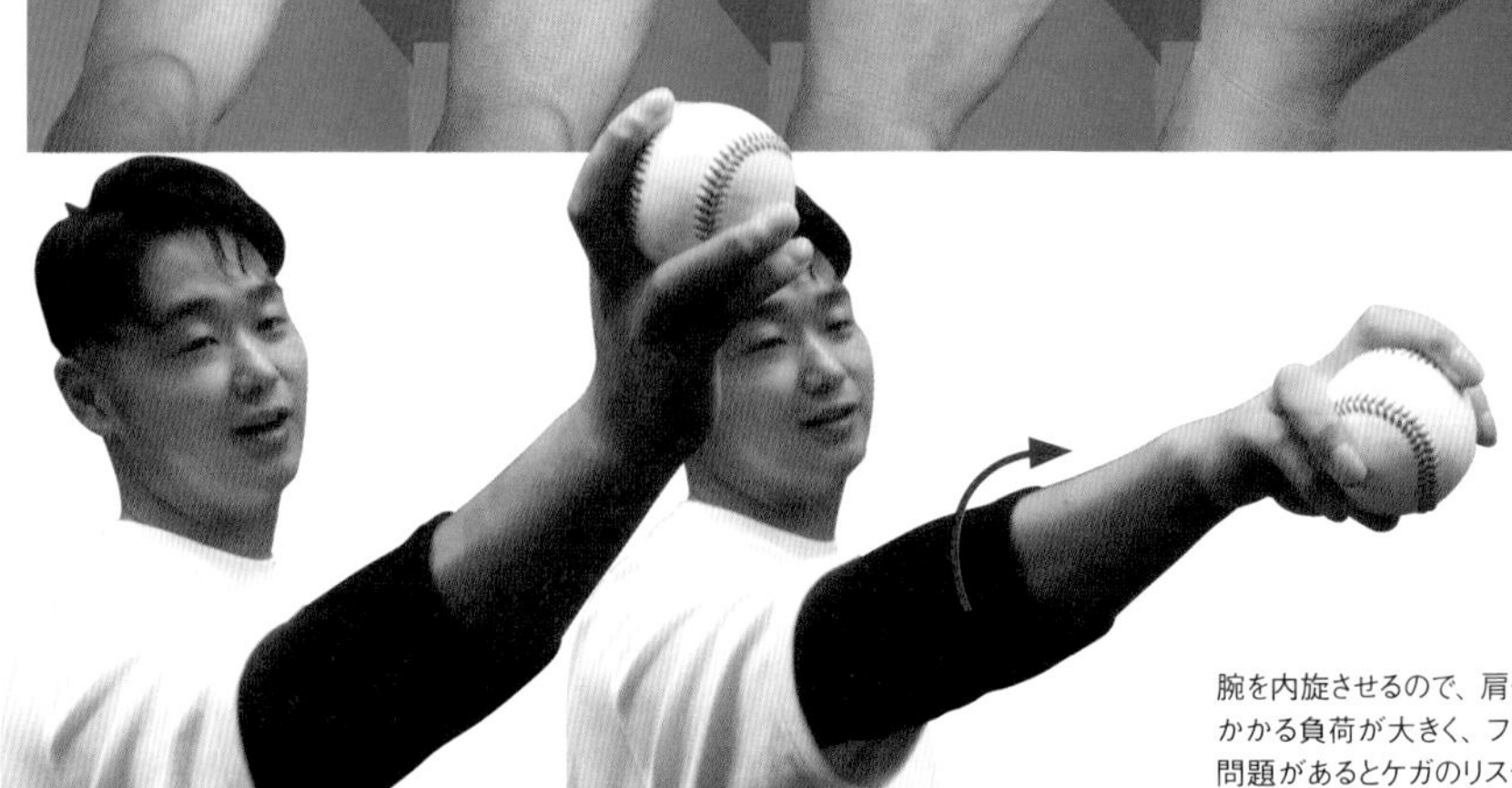

腕を内旋させるので、肩やひじにかかる負荷が大きく、フォームに問題があるとケガのリスクも高いので注意が必要

中指と薬指の内側でボールの左側をなでてリリース

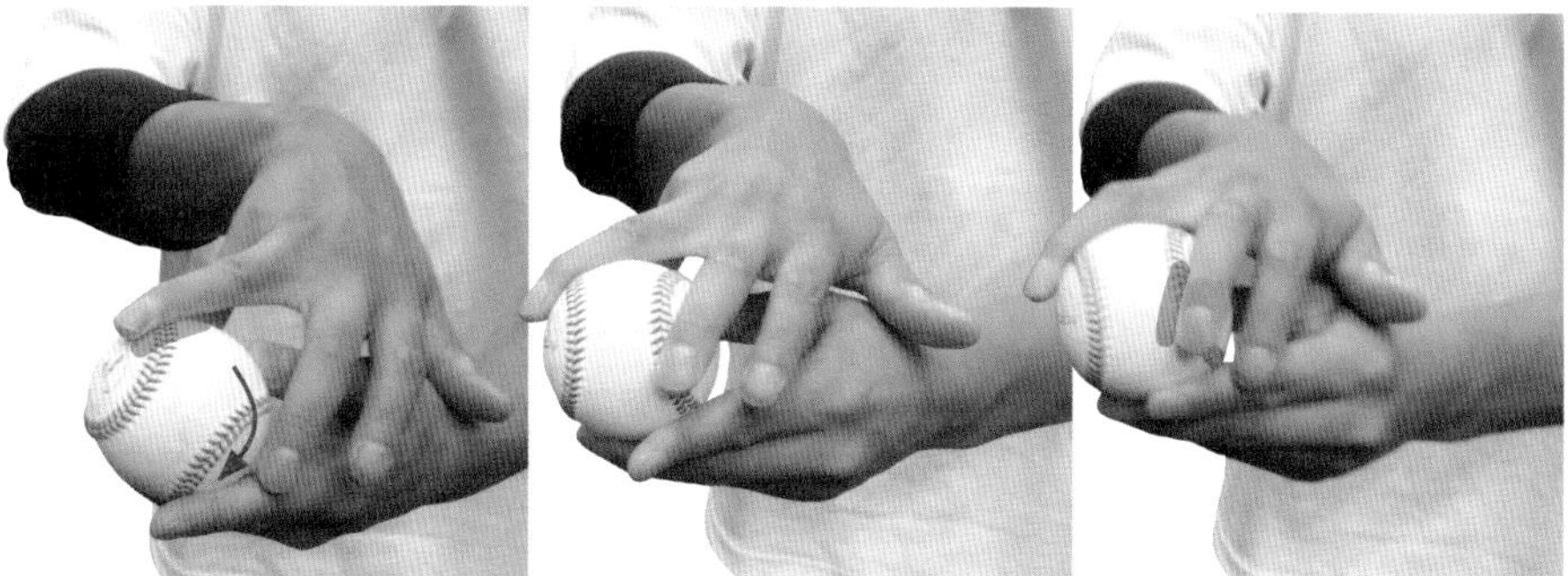

LARGER AMOUNT OF CHANGE 04

ボールの奥から圧をかけてトップスピンをかける

カーブのフォームはストレートと別モノになる

カーブやスラーブ（パワーカーブ）はトップスピンがかかったボールです。リリースでは、ボールの奥側から手前に引っ張るように回転をかける球種なので、フォームもストレートとは変わります。

実際にリリースで手前に引いているわけではありませんが、ボールの奥から全身で引っ張るイメージを持つことが大切です。どの球種においても、全身でしっかりボールに圧力をかけることが大切ですが、カーブやパワーカーブでは奥からボールに圧をかけるので非常に特殊な球種といえます。

リリースでボールの奥に指を持っていくため、ストレートと同じリリースポイントで投げようとすると、下に引っかけてしまいます。カーブでは、リリースポイントをストレートよりも後ろにしなければいけません。それに伴って、発射角もストレートより大きくなります。

リリースポイントを手前にすることで、ピッチングフォームの全体的なメカニズムが変わります。さらに、カーブの変化を縦にしたければ上から投げなければならないため、腕の向きが変わります。リリースの位置も必然的に変わるので、投げ方も変わります。自分の投げやすいように、リリースポイントから逆算した体の使い方を身につける必要があります。体感的には全然違った投げ方になりますが、投げ方が変わることを恐れる必要はありません。

ボールの奥から手前に引くように トップスピンをかける特殊な変化球

ピッチャー側から見たボールの回転

※右ピッチャー（スリークオータースロー）の例

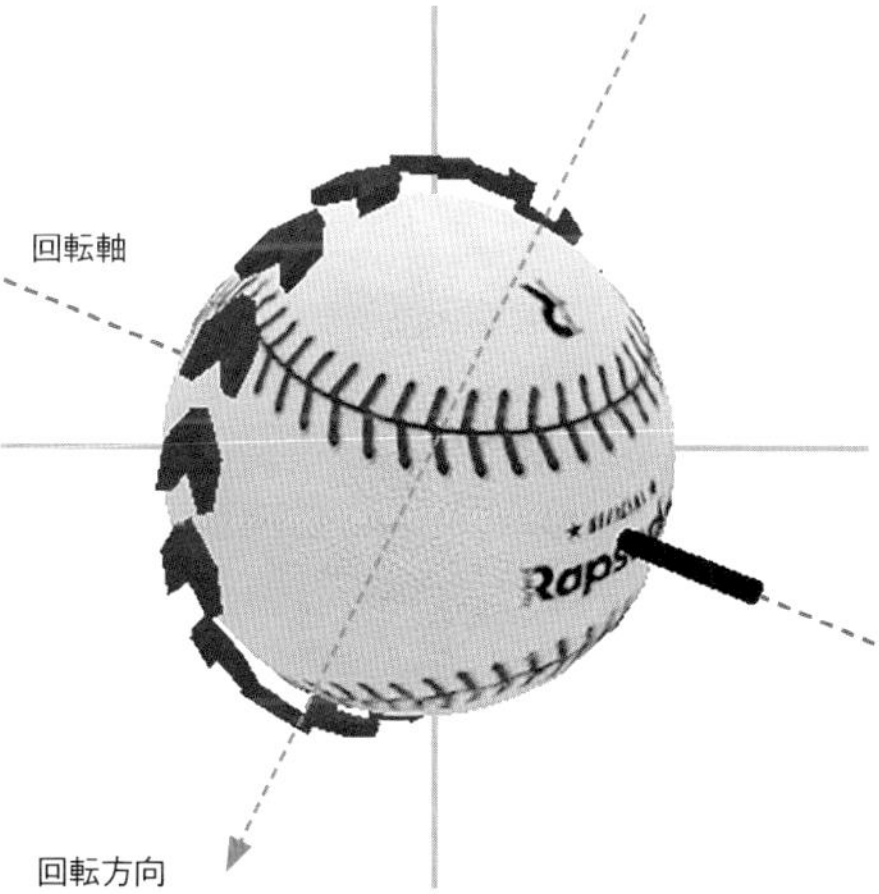

※ピッチングフォームによって軸の角度は異なる（17ページ参照）
※左ピッチャー（スリークオータースロー）の場合は左右対称になる

目安となる数値

球速
ストレート －30～40 km/h

回転方向
06:00 ～ 07:00

回転効率
80 ～ 100 %

スピン量
ストレート ＋0 ～ 500 RPM

変化量

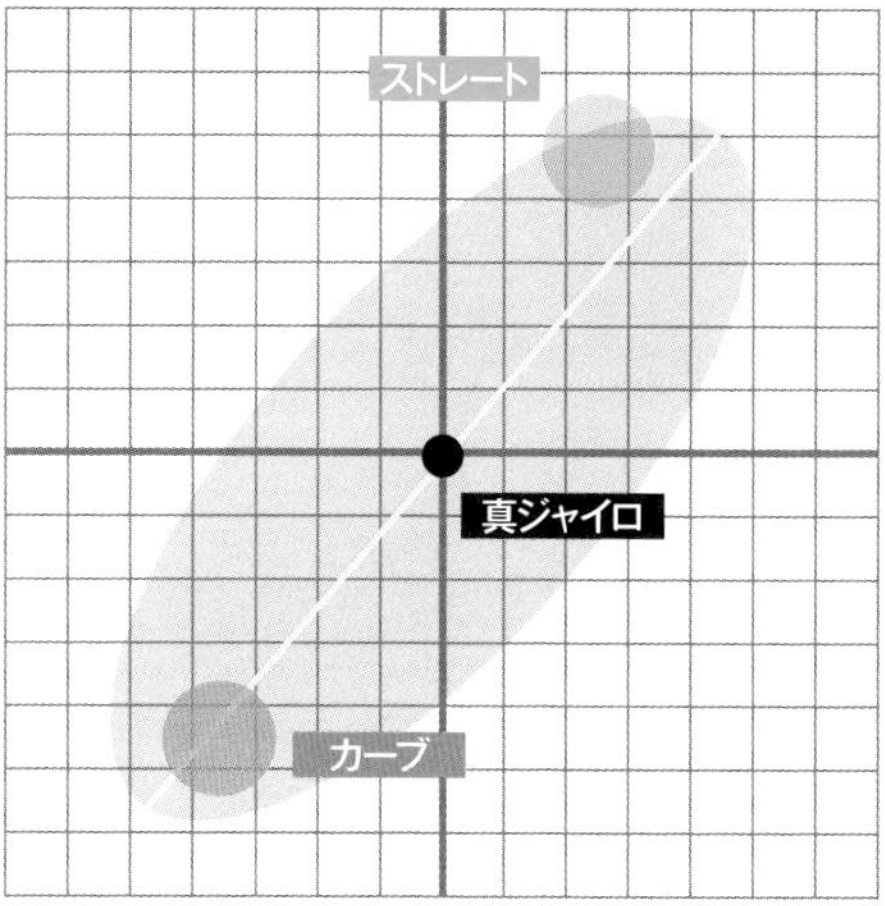

ボールにかかるトップスピン

前にある人差し指と中指の上からボールをリリースすることで、進行方向に順回転（トップスピン）がかかり、変化量が大きくなります。

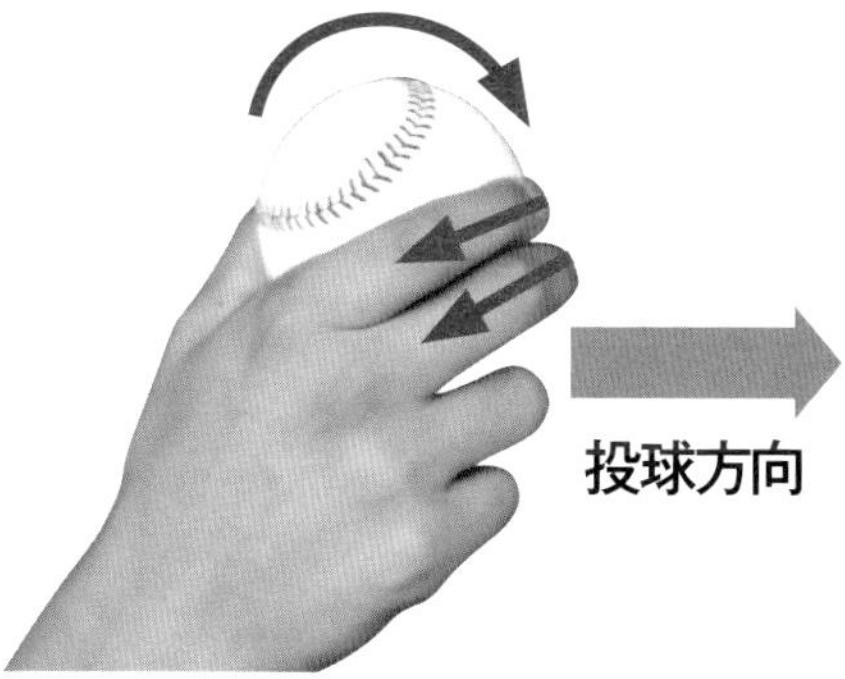

カーブの握り方

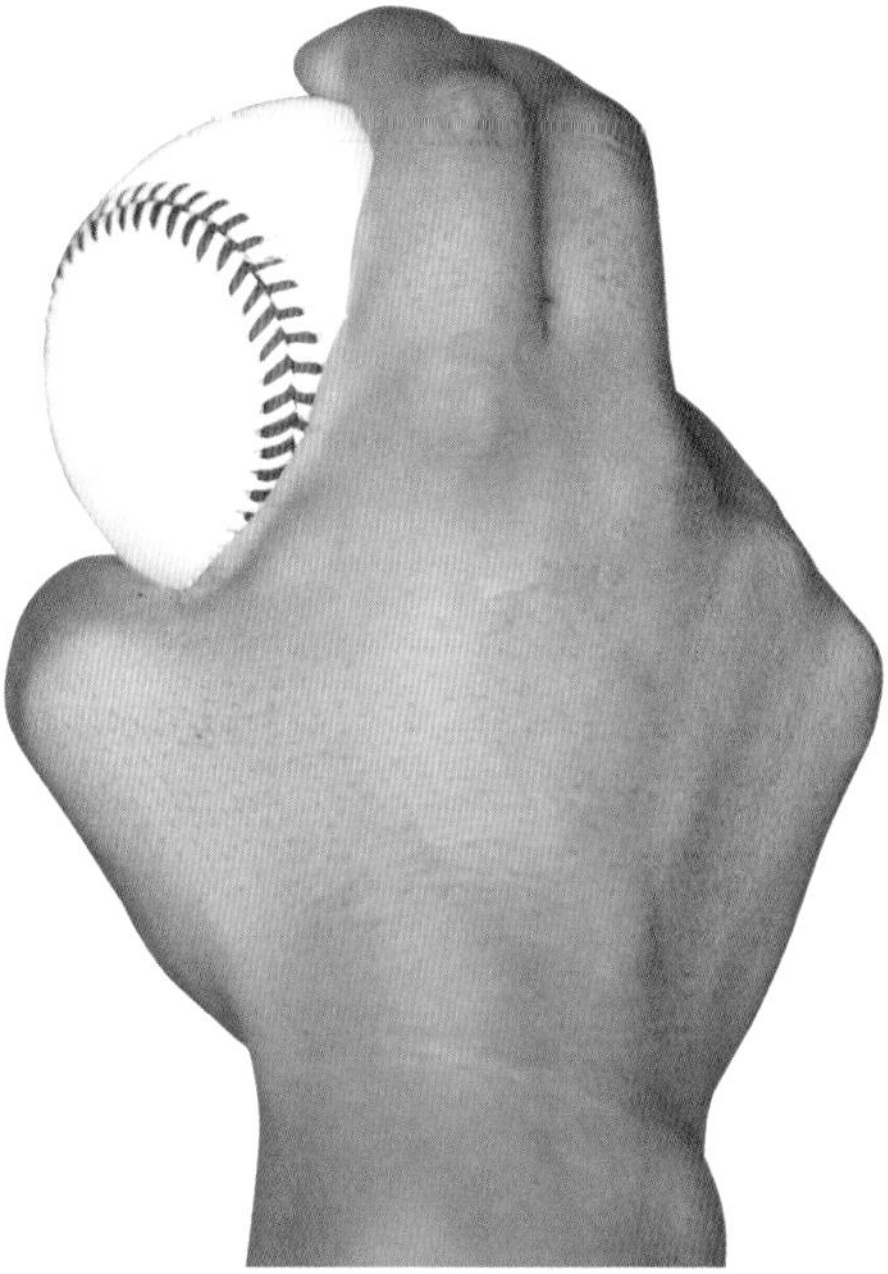

基本的なカーブの握りは、中指を人差し指と揃えてシームにかけ、対角のシームに親指をかける

深く握り過ぎたり、親指の圧が強くなり過ぎると回転がかかりにくくなる人もいる

カーブの変化の軌道

奥からスピンをかけるので リリースポイントが変わる

リリースポイントが変わるので ピッチングフォームも変える必要がある

ストレート同じ位置のリリースでカーブを投げると、地面に叩きつけるボールになってしまいます。リリースポイントを変えるには、そこから逆算したピッチングフォームで投げる必要があります。

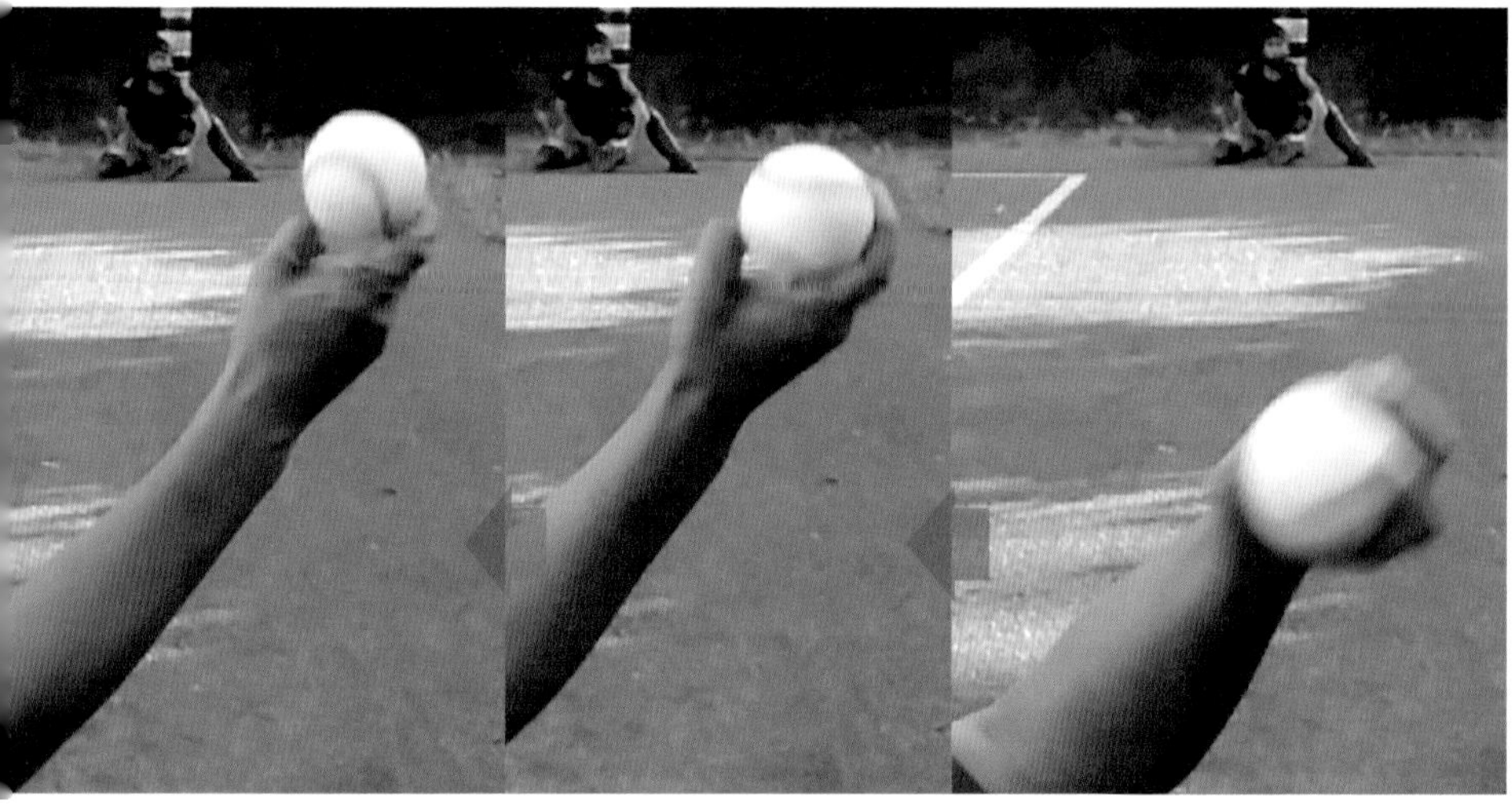

人差し指と中指でボールの奥から手前に向かって圧をかける

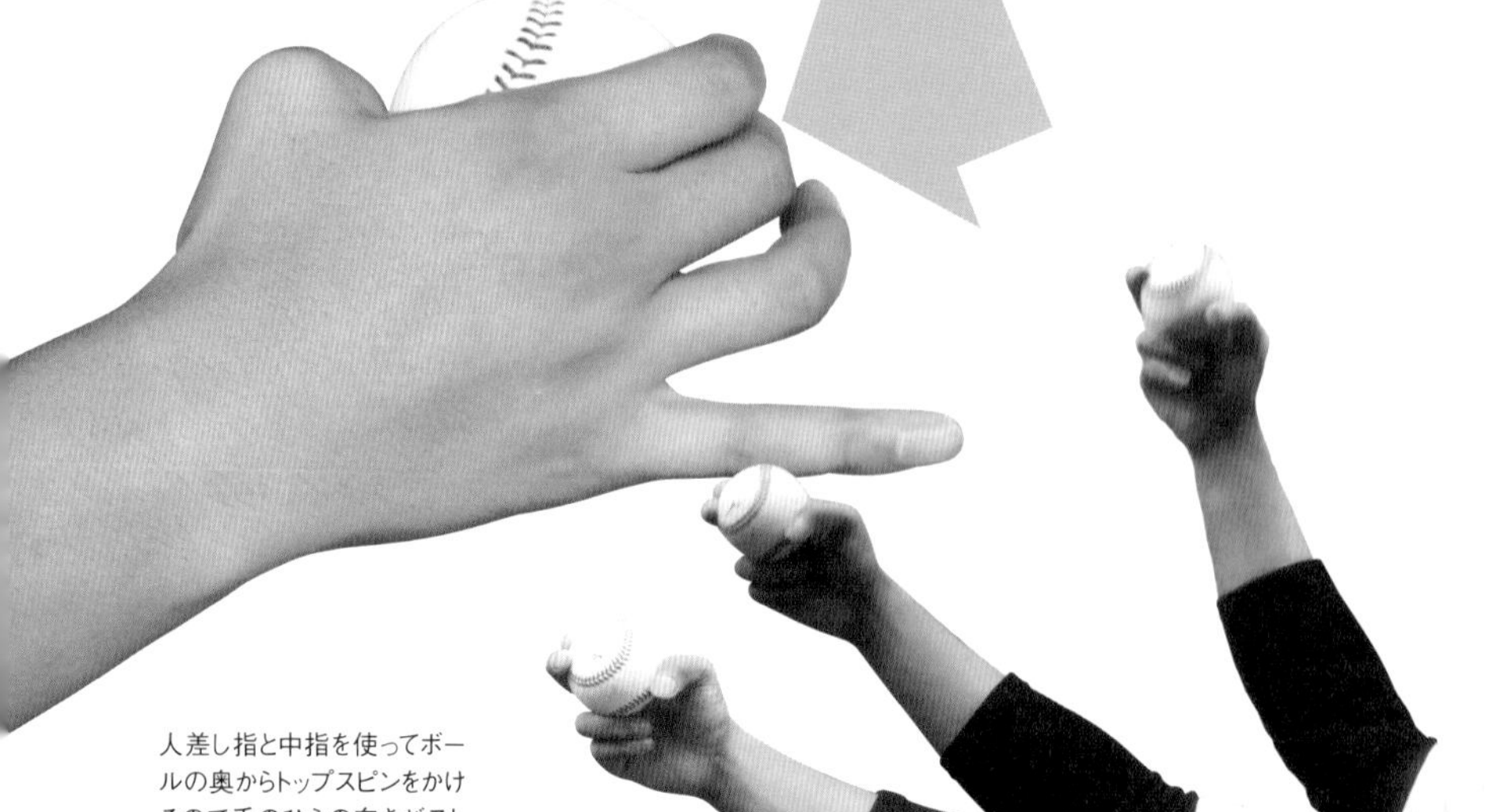

人差し指と中指を使ってボールの奥からトップスピンをかけるので手のひらの向きがストレートなどと異なる

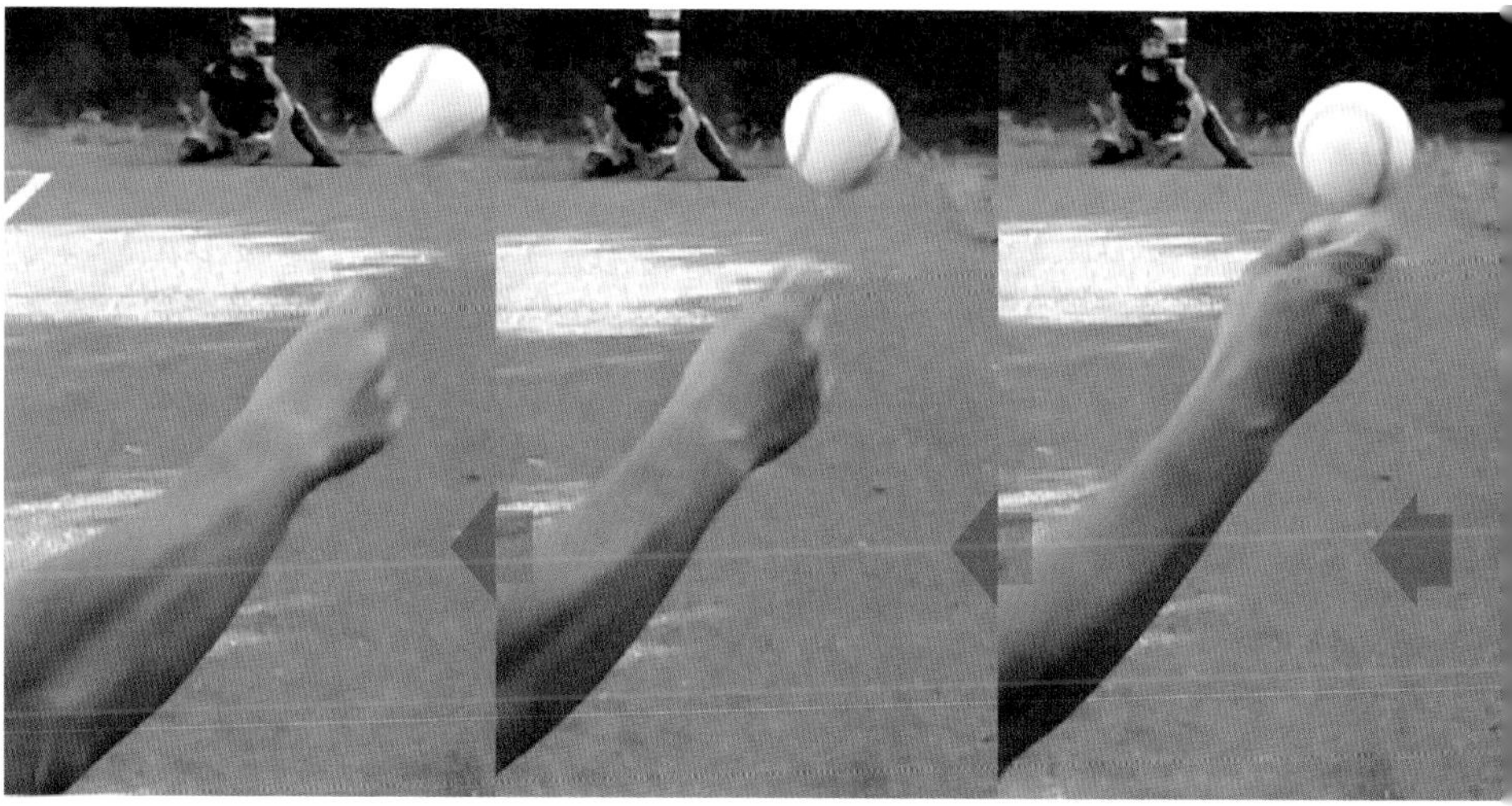

指を奥に回してから手前に引くため
リリースポイントは手前になる

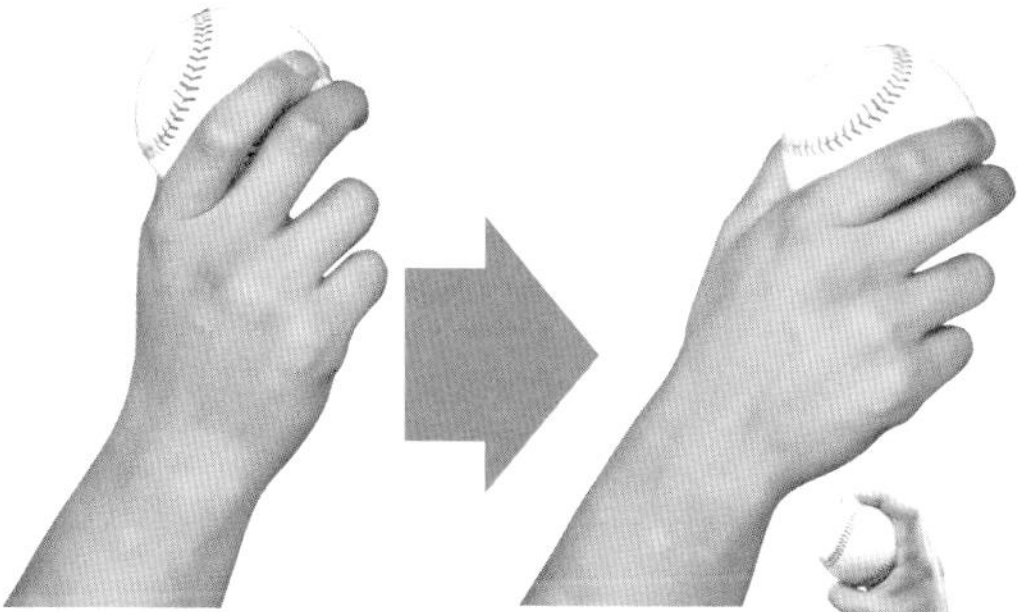

NG 指先で曲げる

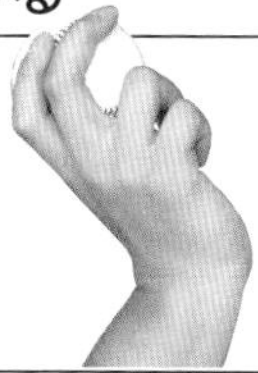

手首や指先を使って回転をかけようとすると腕が縮こまって腕を振り抜けなくなる

LARGER AMOUNT OF CHANGE 05

高校生の多くが投げているスライダー

カーブより速く、横に大きく変化するスラーブ

スローカーブとは逆にカーブとしては球速が速く、鋭く大きく曲がるものを「スラーブ」と呼びます。カーブよりも球速が速く、変化量はスイーパーとカーブの中間程度になります。発射角度もストレートに近いところから、スライド方向に大きく変化する変化球で最近では日本でも投げるピッチャーを見かけるようになってきました。通常のカーブと異なり、タイミングを外すよりも変化の鋭さでバッターを打ち取る球種です。

ボールの握り方はスイーパーと同じツーシームで、カーブと似たイメージで、ボールの奥から人差し指と中指で手前に引くようにトップスピンをかけていきます。

スラーブでは、カーブほど奥からではなく、回転軸の先端を自分に向けるように、全身でボールを斜めに引っ張るイメージで回転をかけるのがポイントです。体の使い方の感覚としては、カーブとスイーパーの中間のイメージです。

ボールを斜めに引いて回転軸を少し変えるだけで、人によっては回転効率が20〜30％変わることもあります。練習を通じてこのリリースをつくっていくのがピッチャーの仕事です。

カーブのリリースポイントが手前であったのに対して、スラーブのリリースポイントはカーブとスイーパーの中間あたりになります。これによって、変化量はカーブの方が大きいけれども、球速はスラーブの方が速くなります。

ボールの斜め奥から引っ張るように トップスピンをかける

ピッチャー側から見たボールの回転

※右ピッチャー（スリークオータースロー）の例

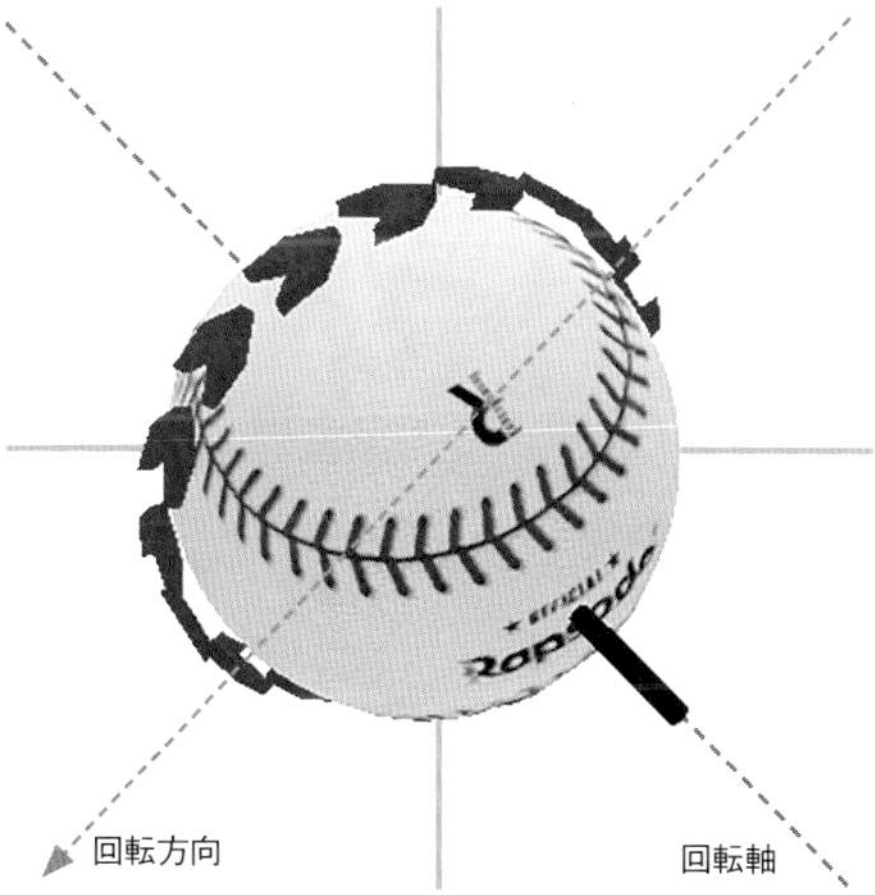

※ピッチングフォームによって軸の角度は異なる（17ページ参照）
※左ピッチャー（スリークオータースロー）の場合は左右対称になる

目安となる数値

球速

ストレート −10 km/h

回転方向

07:00 ～ 08:00

回転効率

65 ～ 85 %

スピン量

ストレート ＋0 ～ 400 RPM

変化量

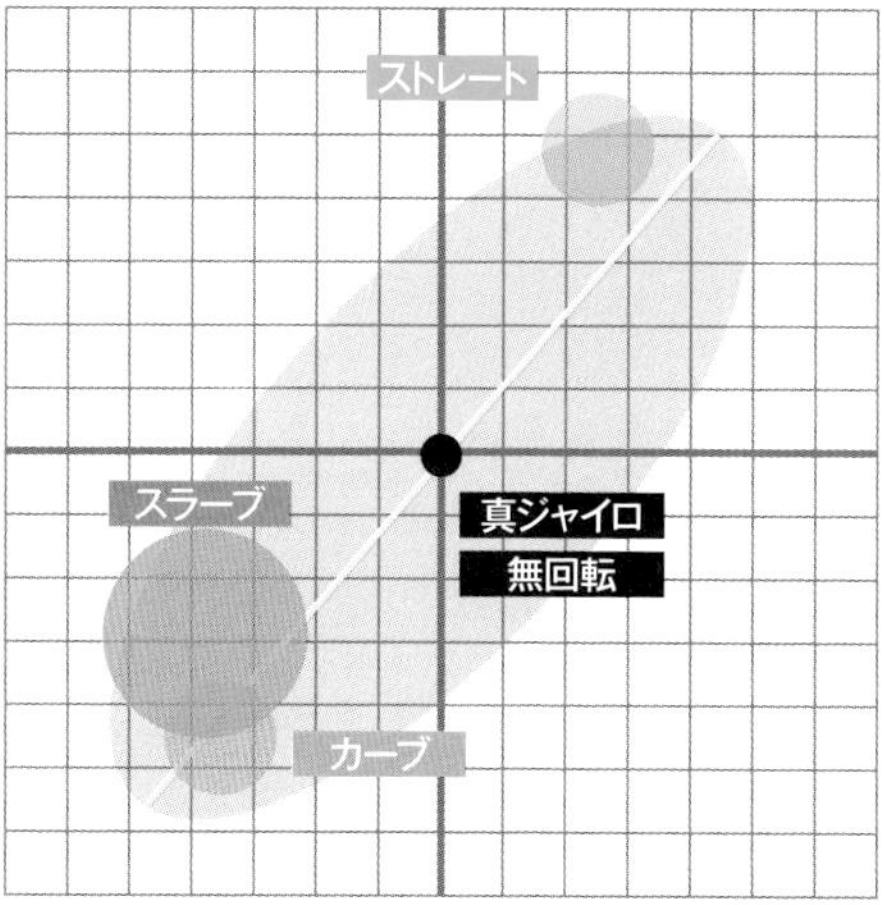

スラッターやカーブとの違い

スラッターやカーブとは回転方向が異なるため、回転軸を意識して投げ方を変える必要があります。

スラッター

P.81参照

回転方向

11:00 ～ 00:00

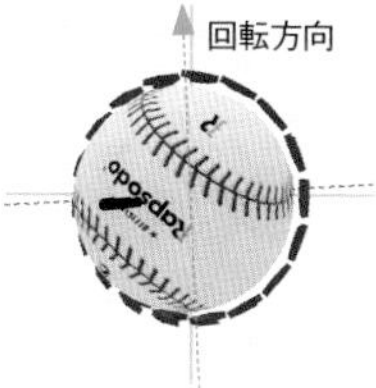

カーブ

P.137参照

回転方向

06:00 ～ 07:00

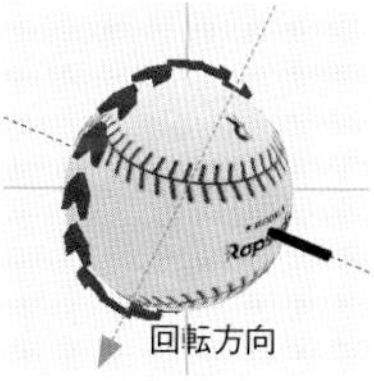

スラーブの握り方

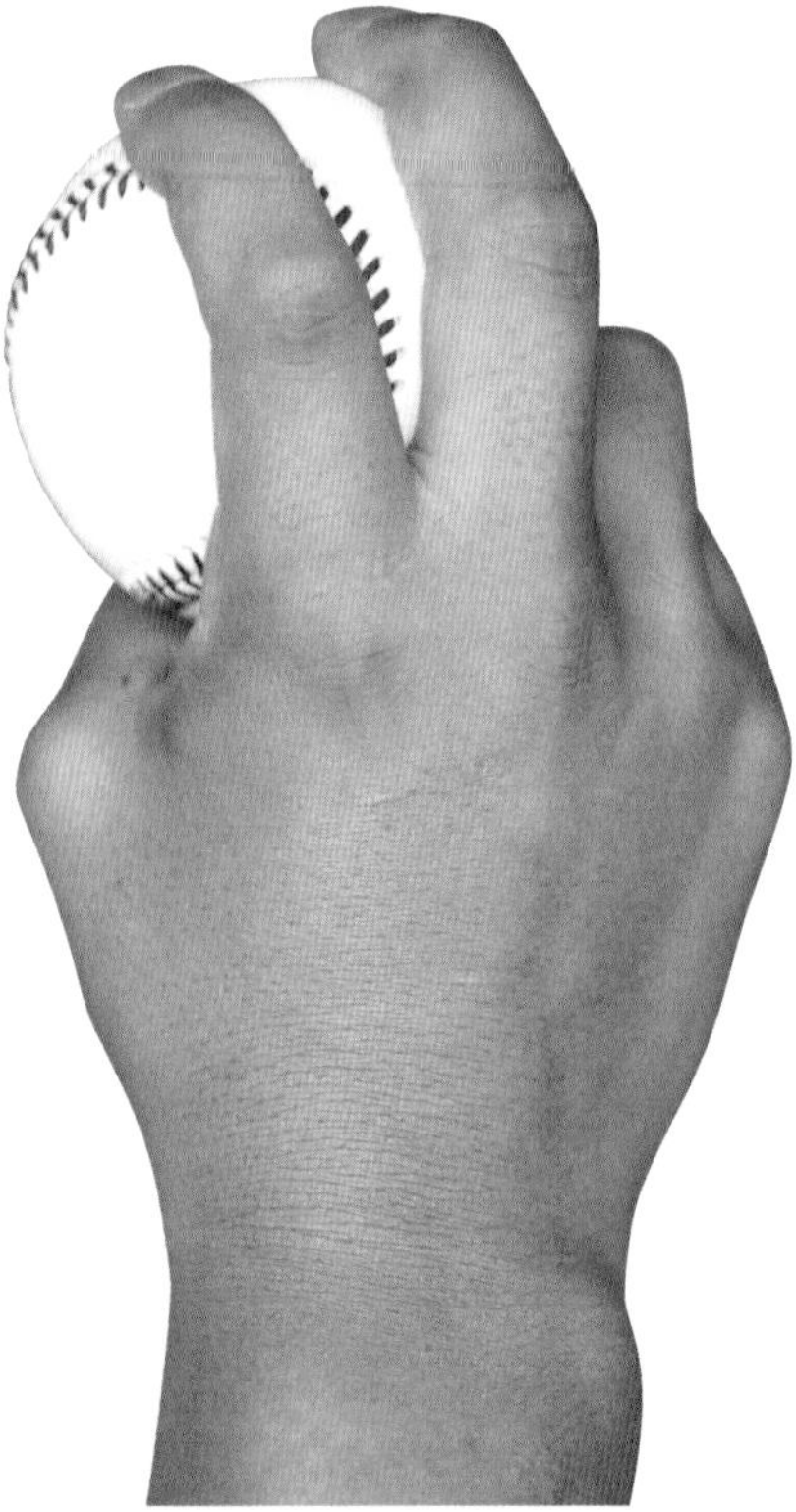

握り方はスイーパー（P.116参照）と同様にツーシームで握るのがおすすめ

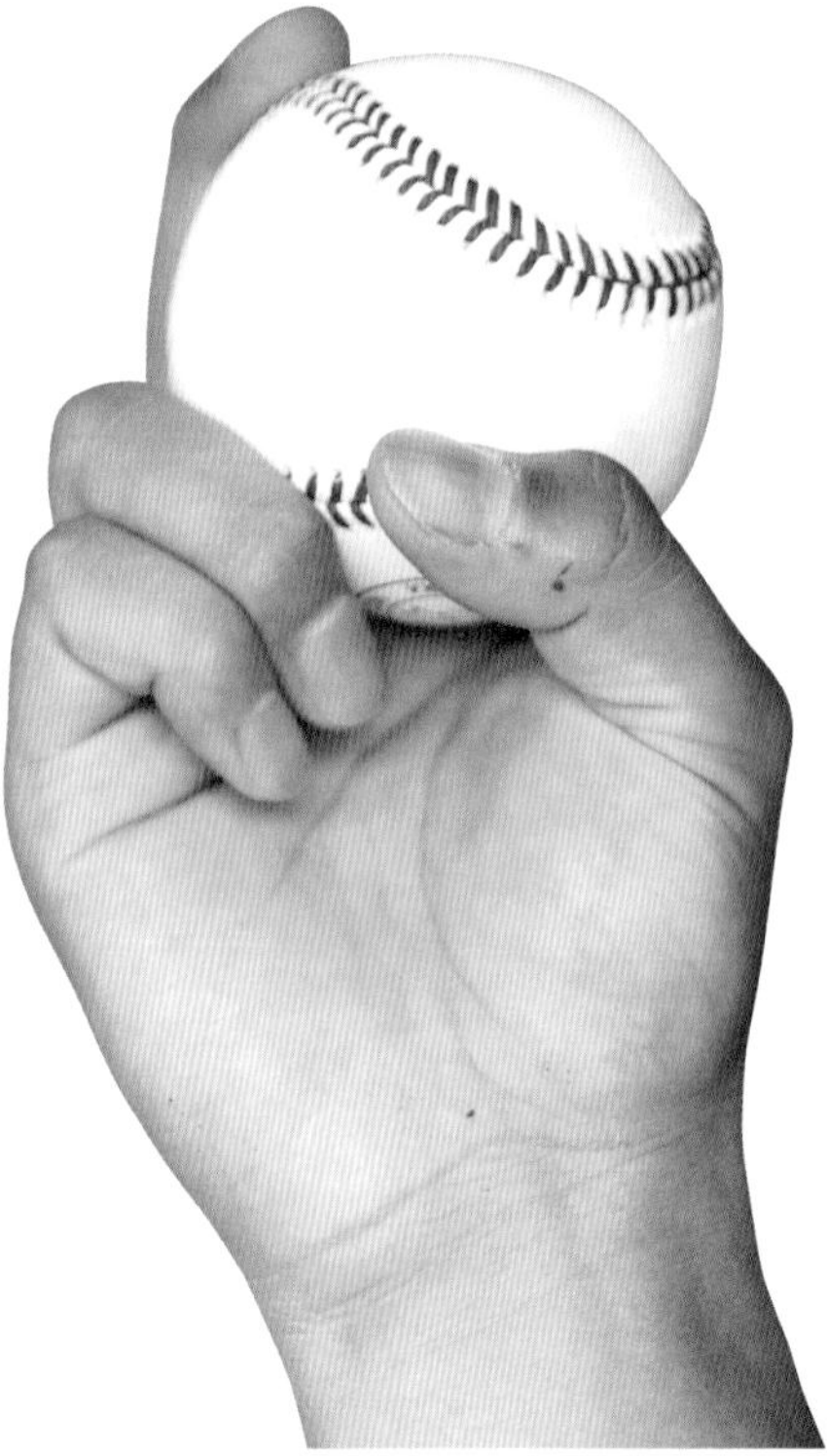

リリースで手のひらが上に向くように手首を背屈させる

スラーブの変化の軌道

カーブとスイーパーの中間のフォームで投げる

スラーブはカーブより腕を横に振り、スイーパーより上からのリリースになる

スラーブは、カーブのようにボールの反対側からスピンをかける必要はありませんが、斜め奥からトップスピンをかけるため、腕の振りはカーブとスイーパーの中間程度になります。

カーブ　スラーブ　スイーパー

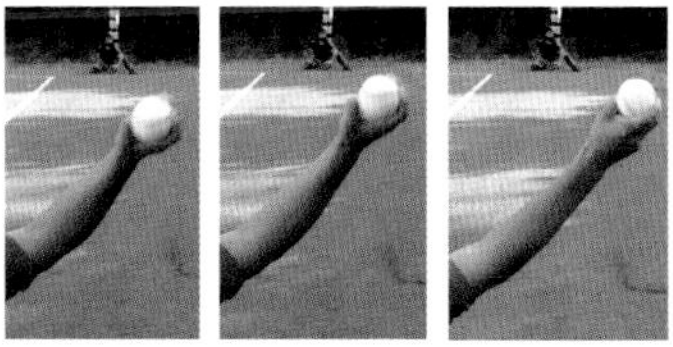

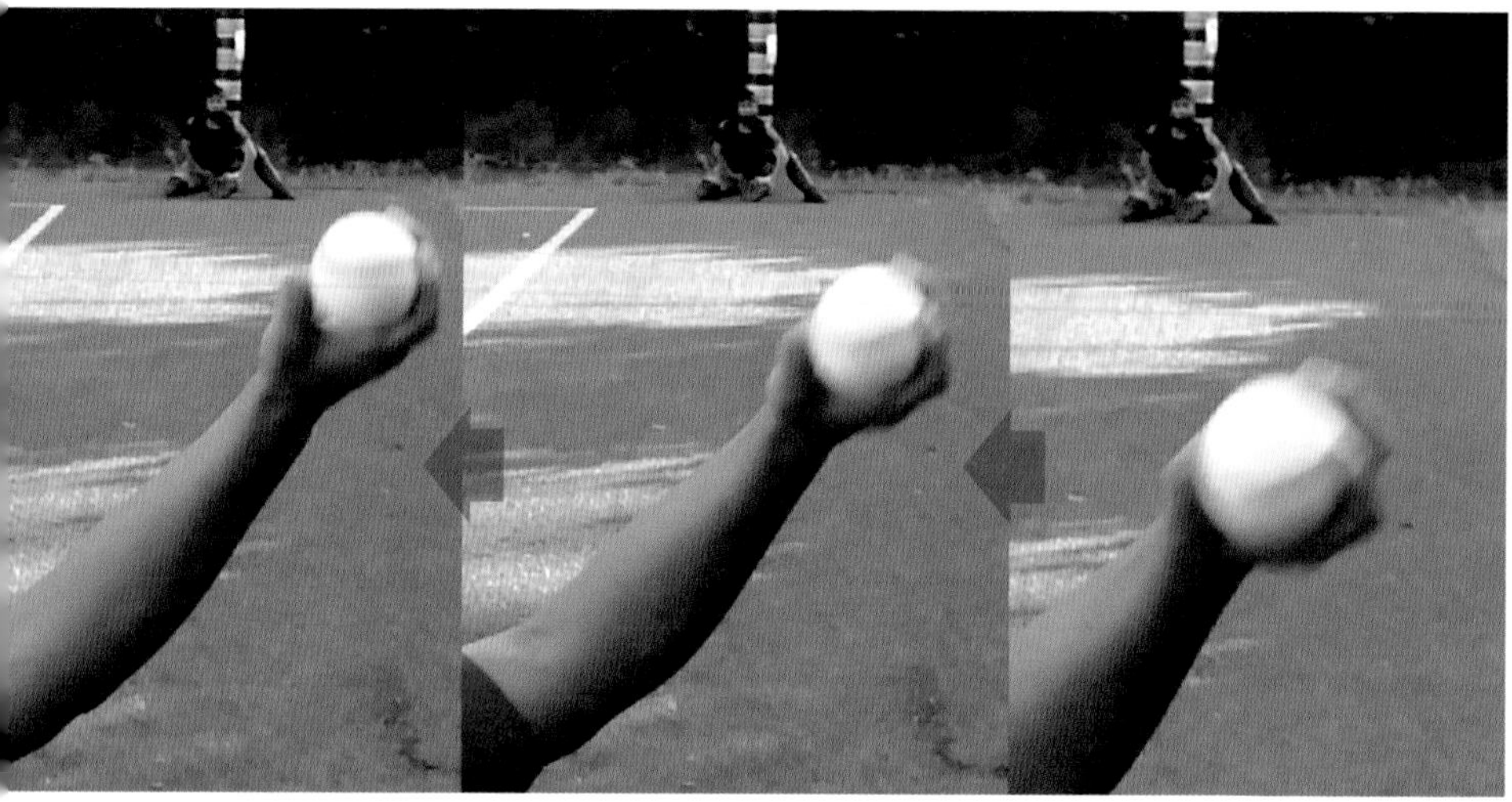

手のひらを斜め横に回しながら人差し指の内側でボールの奥から斜めにこすってトップスピンをかける

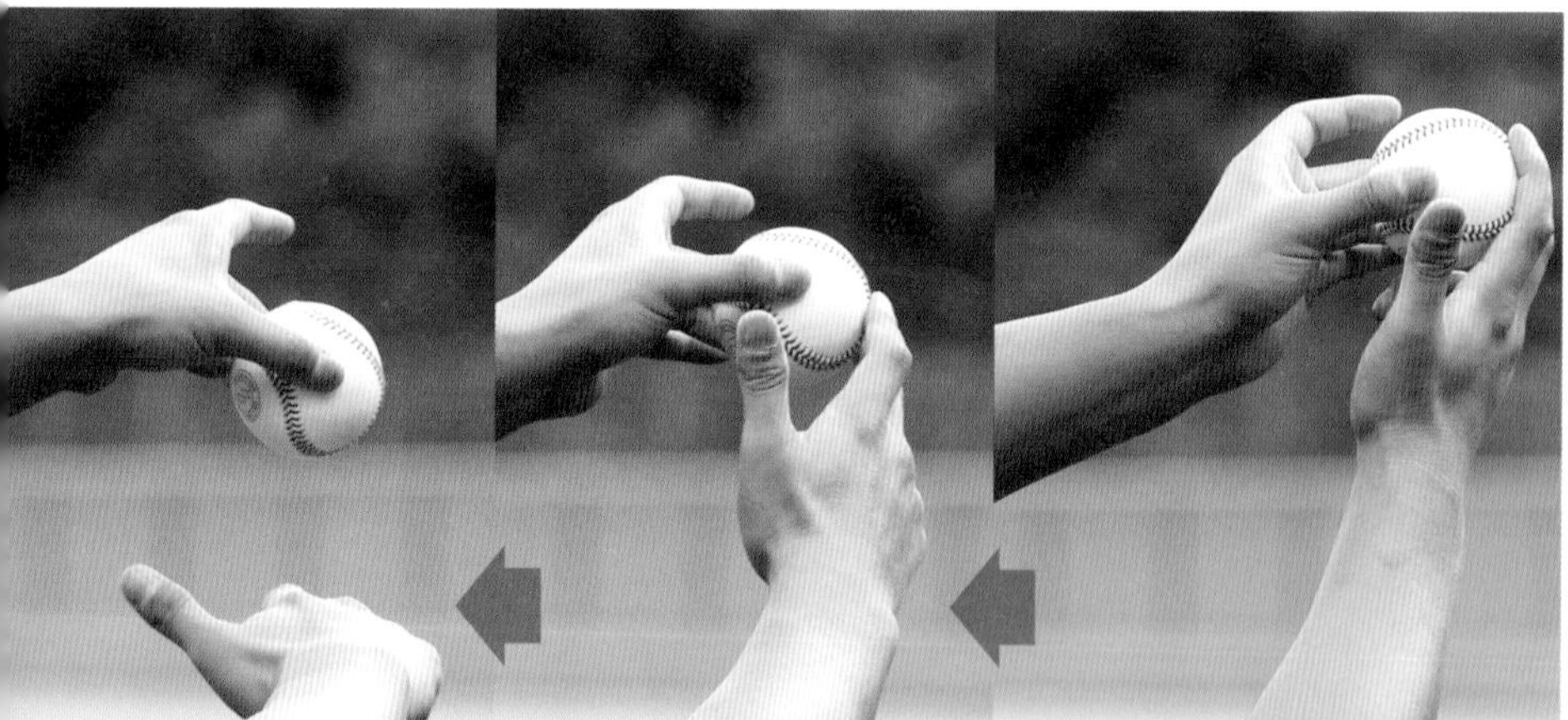

手のひらを横に返して下を向くようにリリースする

最後は人差し指の内側でボールの右奥を斜めにこする

人差し指と中指で右斜め奥からボールを引っ張るように回転をかける

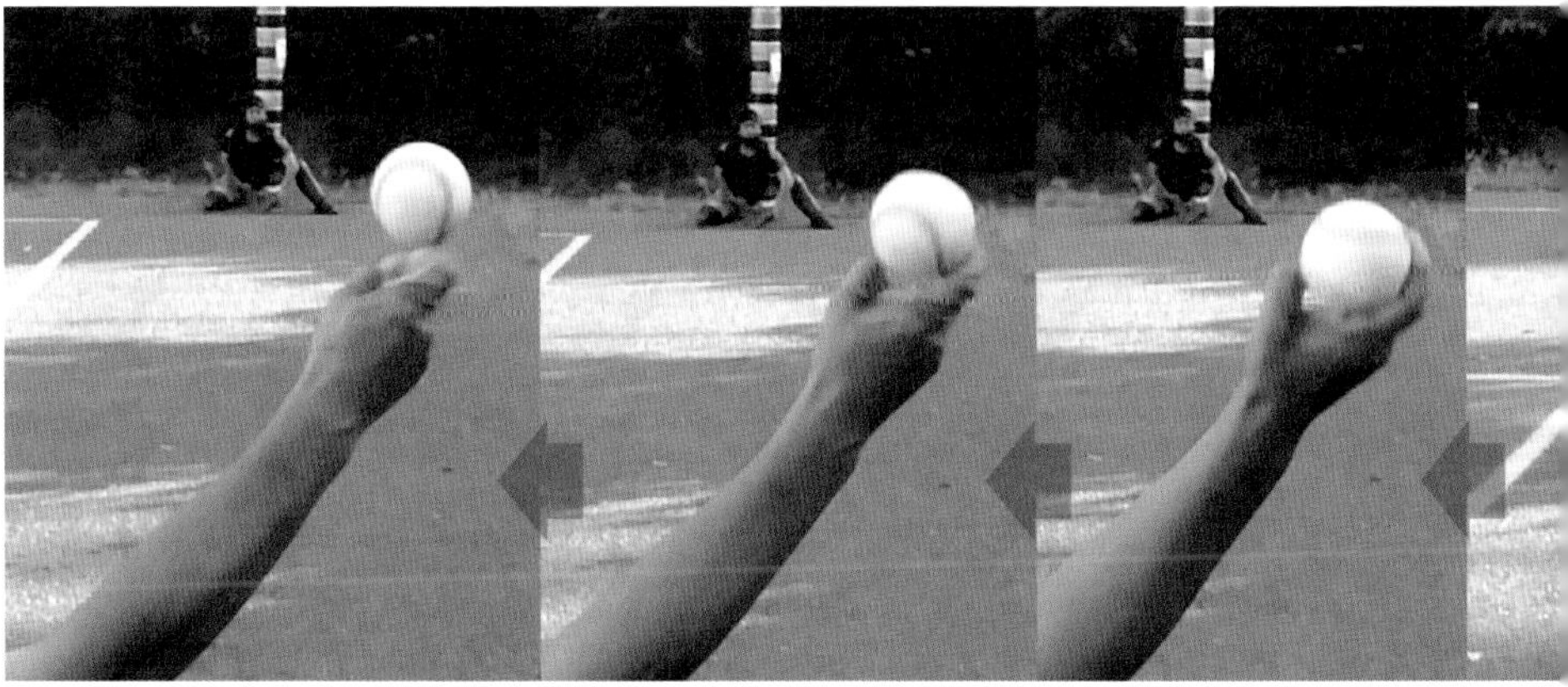

LARGER AMOUNT OF CHANGE 06

ジャイロ回転で縦に変化するスライダー

トップスピンを加えてバッターの手もとで落とす縦スラ

縦に変化するスライダーは、通称「縦スラ」と呼ばれ、スライダーのなかでも、ジャイロ成分が大きく、バッターの重力で下に落ちる高速スライダーの一種です。回転軸の傾きによって変化の方向や変化量が変わるため、回転方向が変わると、スラッターやスラーブ（パワーカーブ）の軌道になってしまいます。

縦スラでは、ジャイロスピンに加えて少しトップスピンもかけたいので、最後にボールを切るようにリリースします。スラーブがボールの奥から引っ張るようにトップスピンをかけていたのに対して、縦スラでは腕が引っ張られたところから、ボールの横を切るイメージでリリースします。

リリースポイントは、スラッターやパワーカーブよりも少し奥に行ったところでのリリースになります。スラッターの中指が奥に回り込んで回転軸が左に向くバージョンと考えるといいでしょう。

球質としては、スラッター（80ページ参照）やスラーブ（144ページ参照）の要素を含んでいます。回転軸の奥側を左に向けてジャイロスピンをかけるので、スラッターの軸の傾きとは左右逆になるため、トップスピンが生じて縦に変化します。人差し指と中指が縫い目（シーム）にかかるように握り、ピッチングフォーム自体はストレートとそれほど変えずに投げることができます。

回転軸を少し左に向けて ジャイロスピンを意識する

ピッチャー側から見たボールの回転

※右ピッチャー（スリークオータースロー）の例

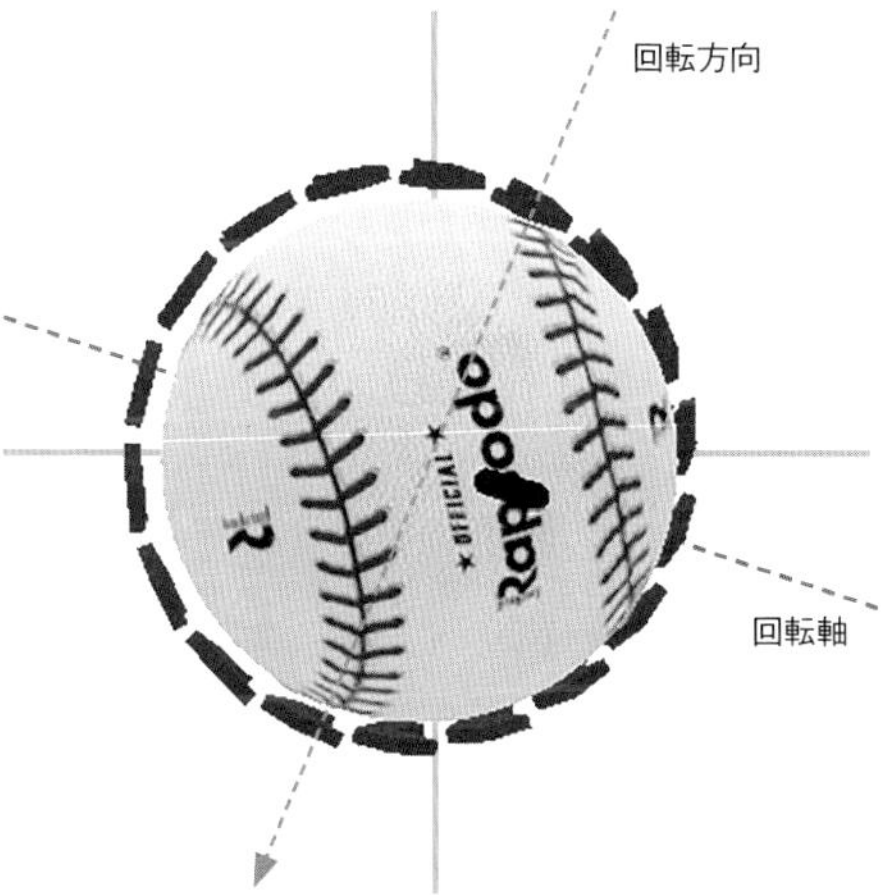

※ピッチングフォームによって軸の角度は異なる（17ページ参照）
※左ピッチャー（スリークオータースロー）の場合は左右対称になる

目安となる数値

球速		
ストレート	−15	km/h

回転方向
06:00 ~ 07:00

回転効率
0 ~ 30 %

スピン量		
ストレート	+0 ~ 300	RPM

変化量

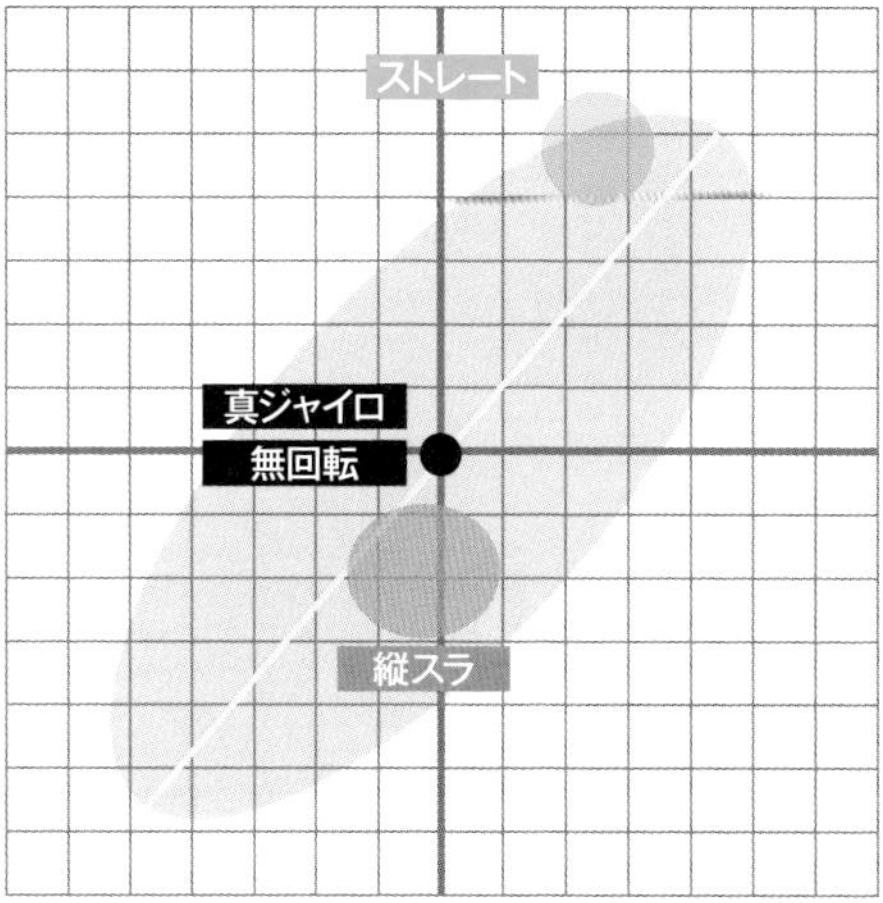

スラッターの回転方向

縦スライダーの握り方

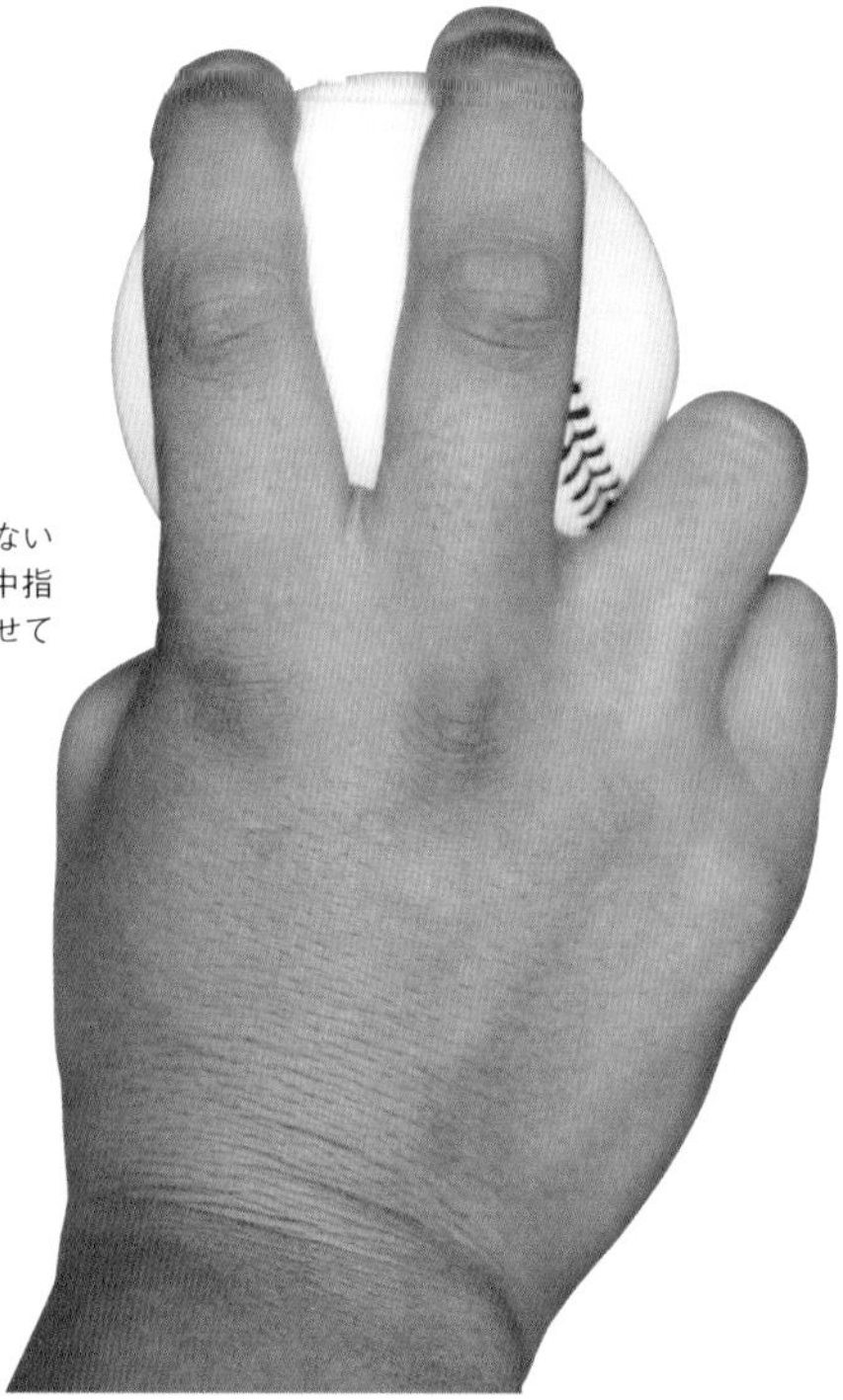

握りは特別ではないが、人差し指と中指をシームに沿わせて握るといいだろう

親指も下方のシームにかける

縦スライダーの変化の軌道

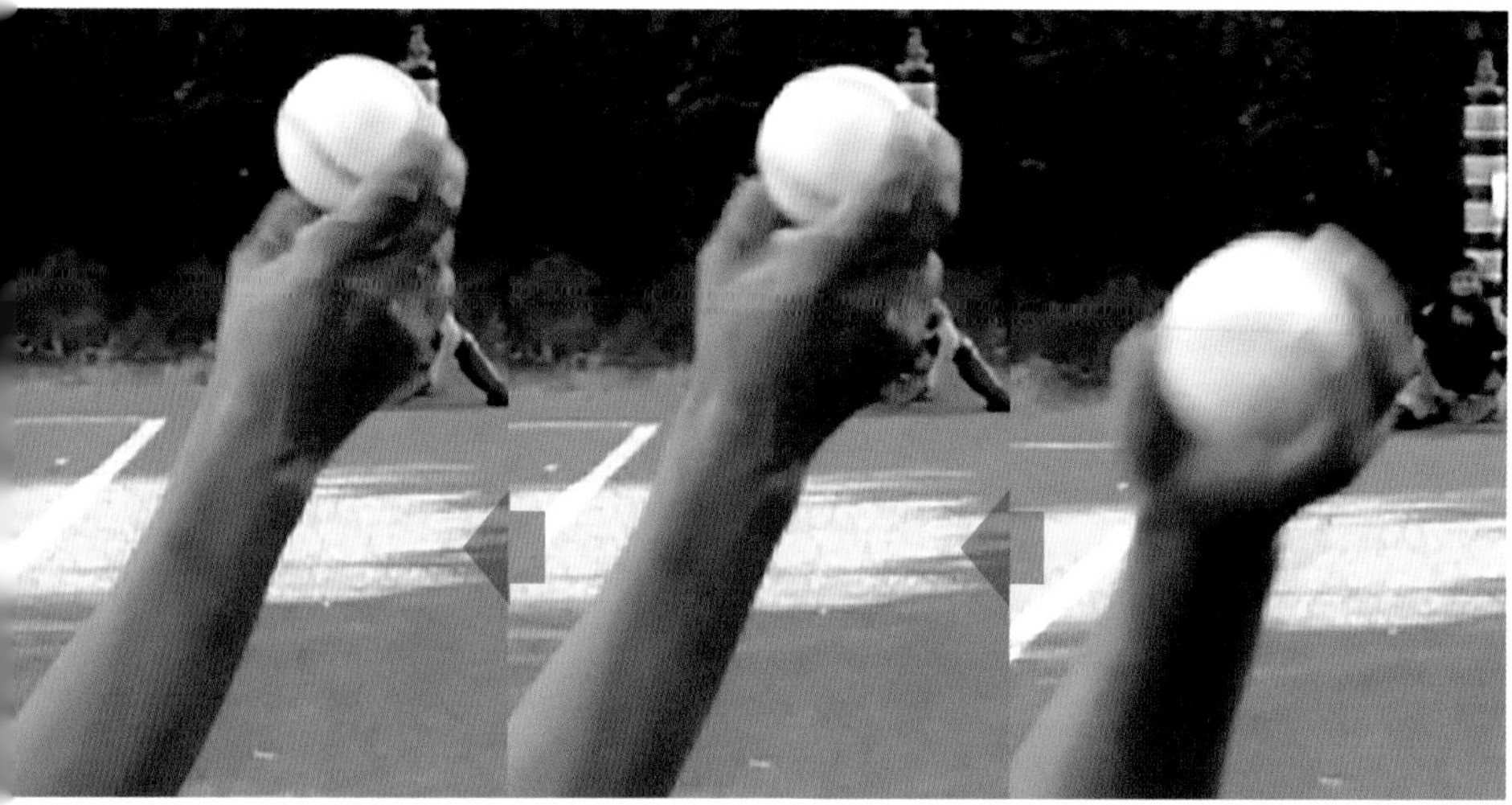

中指を奥まで回り込ませてリリースすることで
回転軸の先端を左に向ける

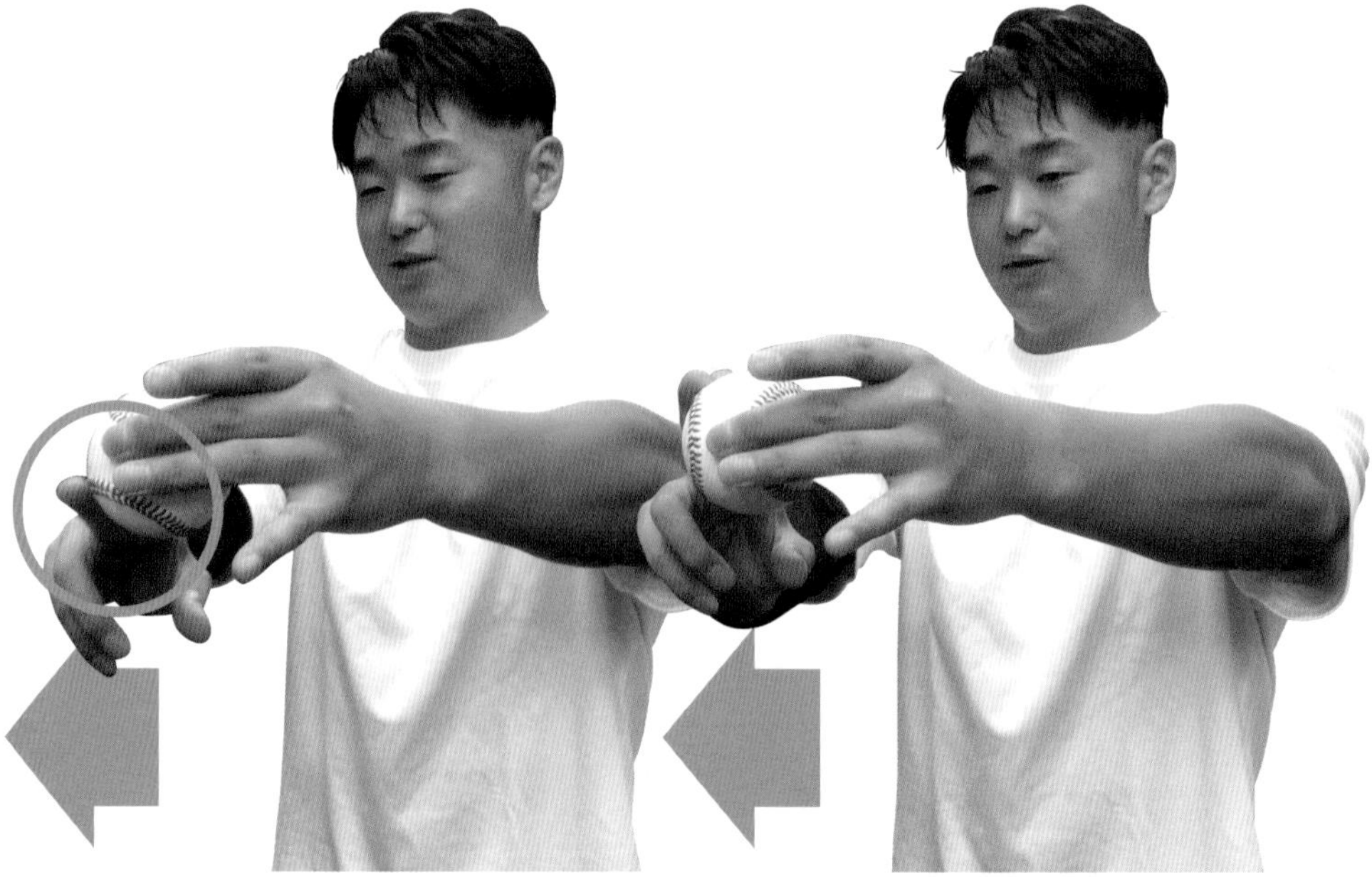

縦スラでは中指を奥まで回り込ませることで回転軸が左に向く

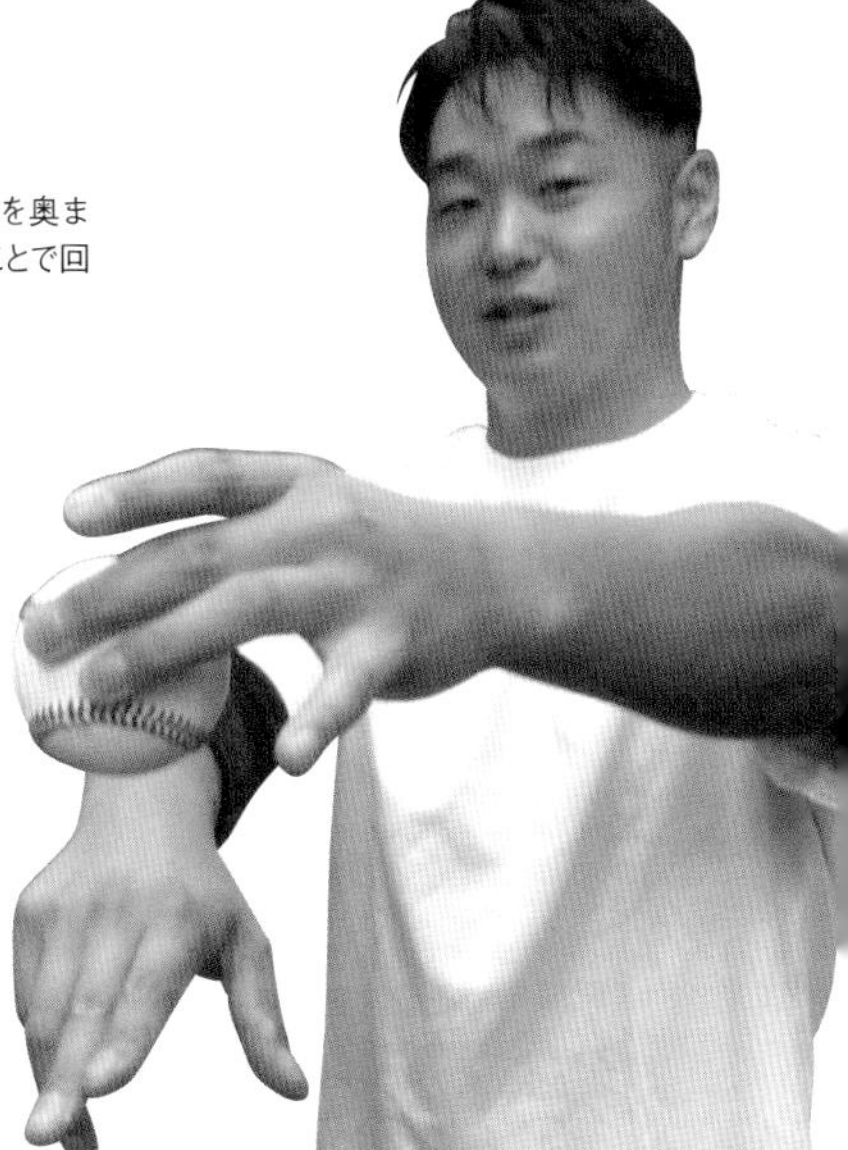

スラッターのリリース

スラッターではボールの横を縦に切るので回転軸が右向きになる

おわりに

自分自身は変化球があまり得意ではありませんでした。それでも興味を持ったキッカケはダルビッシュ有さんとの出会いです。

それまで、変化球に関する書籍は何となくは読んではいましたが、それほど真剣に変化球に取り組んではいませんでした。実際にダルビッシュさんにお会いしてカットボールの投げ方を教わったときに、同じボールのなかでも強さを変えるなど、ちょっとしたアドバイスをいただいただけで、その場でボールの変化が変わったのです。

それまでは変化球に苦手意識を持っていましたが、ちょっとした感覚、リリースや握りの違いで変化の仕方が変わることの面白味に気づかせていただきました。それ以降は、球速を上げることと同じくらい、変化球にもフォーカスするようになりました。

そして、現在の仕事を通じて、さまざまなピッチャーを見させていただくなかで、さらに新たな引き出しを増やすことができました。本書の出版に際して、これらの気づきを与えてくれた多くの皆さまに感謝したいと思います。

今後、まだまだ新たな変化球も出てくることでしょう。また、変化球は投げる人によって変化も変わってくるものです。さらに研究を重ねて、もっと突き詰めていきたいと考えております。

著者プロフィール

内田 聖人
（うちだ・きよひと）

1994年3月1日、静岡県伊東市出身。小学1年生の時に野球を始め、伊東リトルシニア時代に日本代表選出。早稲田実業高校2年時夏に甲子園出場。3年時にはエースとして西東京大会決勝に進出するも、同年全国制覇を成し遂げた日大三高に惜敗。早大、社会人・JX-ENEOSでもプレーを続けるが、ケガの影響で2017年に戦力外となる。2019年プレー続行の道を求め、米国でトライアウトに挑戦し、独立L球団・ニュージャージー・ジャッカルズと契約。渡米中に、投球動作やトレーニングに関する知識・練習法を学ぶ。帰国後に株式会社NEOLABを設立し、ピッチング専門の指導者へ転身。最新鋭の投球動作解析システムと、ケガの影響で20キロ近く落ちた球速を再び150キロまで引き上げた実体験などを強みに、幅広い年代の選手へ指導を行っている。軟式で最速155キロを投じる（硬式154キロ）※2023年7月現在

内田聖人氏が主催する野球アカデミー

Instagram　内田聖人　NEOLAB

NEOLAB公式ホームページ
https://www.neolab.one/

日本最大級オンライン野球サロン
2021-2022シーズンでドラフト31名を輩出!!

NEOREBASE
https://neorebase.com/

NEOREBASEジュニア
https://lp.neorebasejr.com/

NEOLAB公式YouTubeチャンネル NEOROOM
https://www.youtube.com/channel/UCCwTq78l89DtqZRXZnd7sig

制作スタッフ　Staff

編　　　集：権藤海裕（Les Ateliers）
本文デザイン：LA Associates
イ ラ ス ト：村上サトル
撮　　　影：河野大輔　織田真理
カバーデザイン：相原真理子

変化球新時代

2024年2月29日　初版第1刷発行

著　者……内田聖人
発行者……角竹輝紀
発行所……株式会社マイナビ出版
〒101-0003　東京都千代田区一ツ橋2-6-3 一ツ橋ビル2F
電話 0480-38-6872（注文専用ダイヤル）
03-3556-2731（販売部）
03-3556-2735（編集部）
URL　https://book.mynavi.jp/

印刷・製本……………中央精版印刷株式会社

ISBN978-4-8399-8517-2